一人芝居《ひとりしばい》先生からのエール

人生応援歌

福永宅司

石風社

はじめに

二〇一一年三月十一日、東日本を大震災が襲いました。

連日の報道で、大切な家族を亡くされた人たちの、大切な故郷の風景を失った人たちの、その地でずっと汗を流してきた仕事を奪われた人たちの、悲しみを知っていきます。

連日、テレビの前で泣きました。声を出して泣きました。

しばらく何をやってもたのしくない日々が続きました。

季節は春なのに花見の客も少ないばかりでした。

「みんな同じ気持ちなんだなあ。」

多くの悲しみを見ていると、自分も幸せにはならないですね。

宮沢賢治も東北の人です。彼は、

「世界がぜんたい幸福にならないうちは個人の幸福はあり得ない。」

と言っていました。

そういう気持ちで、復興のボランティアをやっている人も数多いことでしょう。

福島の原発事故では、放射能の怖さをあらためてこの国が体験します。

節電、自然エネルギー、環境、こういった言葉が高度経済成長を突っ走ってきた私たちのまわりに飛び交うことになります。

戦後の焼け野原から立ち上がり、世界が注目した高度成長、そしてバブルがはじけ、二十一世紀をむかえた矢先、本当に大きな試練が押し寄せてきました。

根底から、自分たちの生活をふり返るきっかけになっています。

私は、元小学校の教師で、その体験を通して、一人芝居という手法を通して、教育や子育て講演をしている講演家です。私のささやかな講演でも「元気になった。」「涙と笑いの良い時間だった。」と喜んでくれる人たちがいます。

今回のこの大きな試練に、今までの講演の語りを思い起こし、会場がふっと元気になった話を思い起こし、アンケートで「あの話に感動した。」というものを集めて「エール【応援歌】」としてまとめ、元気の配達をしたいと思いました。


一人一人が大切にされる世の中に。

一人一人が大切にされる学校に。

一人一人が大切にされる家族に。
エールをおくります。

一人芝居先生からのエール◉もくじ

第三章　先生へのエール——＊

第四章　芸能・スポーツからのエール————＊

第一章　大人たちへのエール

＊

寅さんが被災地を訪れたなら

「男はつらいよ」

御存知、あの寅さんが被災地を訪れたなら何をするだろう。

名刺もない、たくさんのお金もない、学歴もない、寅さんは何をするだろう。

きっと寅さんは、被災地の人たちの話をずっと横に座って聞いてくれるのでしょう。

「そうかい。」

「そうだったのかい。」

「つらかったねえ。」

そういって、ずっと横で聞いてくれるでしょう。

時を忘れて。

そして最後に
あの小さい眼で

すっと一粒、涙を流してくれるのでしょう。

そしてきっと笑顔になれる語りをしてくれるでしょう。

人は自分の悩みを最後まで聞いてくれる人がいたら、
その悩みは六十パーンセント軽くなると、ある精神科のお医者さんから聞いたことがあります。

むかしは縁側っていうのがありました。

そこに座っては、いろいろな世間話に花がさきました。

落語に見る江戸時代の風景はまさに典型的。

いつしか隣の人は何者なのか、そういう時代をつくってしまいました。

近所の人が悪さをした子どもをしかると、そのしかった人がその子の親からしかられる時代をつくってしまいました。

かみなり親父や、いい意味のおせっかいおばちゃんがいなくなりました。

このピンチ、もう一度、集まって語りませんか。

そういう近所、両隣をつくってみませんか。

たった一人でいい、人の悩みを聞いてくれる人になりませんか。

今こそ悩みを聴きあえる社会にしよう。
そして笑顔に変えよう。

あふれる物からおさらばする時がきました

大量生産、大量消費。

戦後焼け野原で何もないところから、「物だ」「物だ」「金だ」「金だ」と物質的豊かさを追い求めてきました。

しかし昨今、『断捨離』ブームに見る、「物への固執からの脱却」が見られるようになってきました。

おかげで、リサイクルショップにいい物が多く集まってきているとか。

物が多いために、収納を増やし、大きな家を求めて、高いローンを組んでいく。

しかし、生活のパターンが変わらない限り、大きな家でも、いつも部屋は荷物であふれているることから逃げることはできませんね。

もう高度経済成長は終わりを告げました。

これからは、物に執着せず、物を増やさない生き方が求められていきますね。

自然エネルギーに目を向けていくように、ライフスタイルもそれぞれ再考すべき時だと思います。

「いつか着ると思っている服があふれかえっているクローゼット」から、「すっきりして、着ていく服がすぐ見つかる、お気に入りの厳選された服が収納されているクローゼット」になるといいですね。

節電、太陽光発電、水力発電、風力発電、地熱発電、いろいろなキーワードが飛び込んできました。

「快適から少し我慢へ。」

「そろそろ目を覚ましなさい、地球も悲鳴をあげています。」

と感じるようになってきました。

習い事も同じです。

やれ塾、やれピアノ、やれ野球チーム、子どもも習いごとの数が多ければ、地球と同様、悲鳴をあげているのかも知れませんよ。

すっきりしたお部屋、地球に優しいエネルギーを、厳選された習い事を、……

見なおすときがきましたね。

＊変わらぬ故郷の風景が人間を育てる

今回の大震災で心が痛いのは、故郷の風景が津波に奪われたことです。

小学校が公園が神社が商店街が……

一瞬にして奪われてしまいました。

寅さんの話を先程しましたが、あの映画「男はつらいよ」は変わらぬ故郷の風景が意識されています。

あの広い川原、葛飾《かつしか》柴又の商店街。

四十八作続いた国民的映画、私たちは無意識に、必ずあの風景に出会っていたのです。

変わらない故郷の風景が人を育てますね。

特に子どもたちにとって故郷の原風景はなんとも心が温まるものになります。

大人だってそうでしょう。

都会育ちの人だって、故郷にもどって目の前は全然違う風景に変っていても、目を閉じれば「そこの角にたばこ屋があって、そこを曲がるとお風呂屋があって見上げると高い煙突があって、そこをまっすぐ行くと基地を作った公園があって。」と、事細かに思い出せるはずです。

記憶と共に心がジーンとあたたかくなってくるものです。

人には、変わらない故郷の風景がいつまでも心に住みつくのですね。

そしてそれを再び見たいと、故郷に帰って来ようとするのですね。

寅さんはヨーロッパでも人気だったそうですが、寅さんが故郷に何度も帰ってくるシーンに共感できるとか。

洋の東西を問わず故郷の風景は大切なのです。

これから東日本の地が復興されていきます。

どのようになるのかはわかりませんが、地元の方が、少しでも以前の町並みを思い出しやすい工夫がほしいと私は切に思います。

「これだけは、そっくり再現しよう。」とかね。

道路もできるだけ再現できると、「あの角を曲がるとそこには〇〇があったなあ。」と、なります。大切なことだと思っています。

人には心の中に故郷の変わらない風景が住んでいます。

誰もが思い浮かべられる風景を少しでも再現してほしい。

＊

トイレの中の神様

「トイレの神様」という歌が大ヒットしました。

この曲の詩とは関係ないのですが、「トイレをきれいにすると幸せになれる。」

このフレーズはいろいろな人が、本に書いています。きっとトイレと宇宙はつながっていたり、素敵な神様がいたりするのかもしれませんね。

それよりも何よりも、トイレをきれいに掃除すると気持ちいいのは間違いありません。

教師の時代、思い起こせば、子どもたちもこのトイレ掃除好きでした。

掃除割りを決めるとき、

「トイレ掃除の希望は少ないだろうな。」

と思っていたのですが、意外とトイレ掃除希望に手をあげていました。

「やることがはっきりして、がんばった分、結果がでるからたのしいもんね。」

そう子どもたちは言っていました。

時間いっぱい、いっしょうけんめいやるとトイレはピカピカになってきます。

掃除が終わり、後片付けが終わり、さて帰ろうとする、その時、

「ああ、もれそう、おお、トイレきれい。」

と、子どもたちが入ってきて、感動の言葉。

その声を聞きながら、トイレ掃除の子は去っていきます。

その顔に、笑顔があふれています。

「やることがはっきりして、がんばった分、結果がでるからたのしいもんね。」

トイレ掃除の人気はこれだけじゃなかったのですね。

結果、つまり、きれいになったら、使う人が気持ちよく使用できる、人が喜んでくれることが、とてもうれしい。

人が幸せなのを見て、自分も幸せ、こういうことが経験できていたのでしょう。

やっぱりトイレには神様がいるのかな。

そういえば、だれかが言っていました。

「トイレ掃除がしっかりできている学校はそう簡単には荒れない。」

なるほど。

何かやる気にならなかったり、落ち込んでいたりしたら、トイレ掃除しましょうか。

神様が微笑んでくれるかもしれませんよ。

＊口コミとリピーター

私が主宰する「子どもの学び館」では、教職を目指している学生や講師の先生が集まってきます。

みんな教師を目指して努力をしている若者です。

中には、教職を目指す勉強をしながらも、違う道を模索している若者もいます。

「本当に、これが自分に合っているのだろうか。この道に進むことで悔いはのこらないだろうか。」

これが一生の仕事になるかも知れないのですから、誰でも慎重になりますよね。

私は、大学を卒業後、就職活動は、教職一本、教職ひとすじ、二十二年間勤めました。悔いのない、たのしい時間でした。そして、教職を離れ、一人芝居をはじめとする子育て・教育・人権啓発分野の講演業を中心に、子育て支援事業をやっています。

教職と独立後の活動と二つの仕事を経験したことで、これからの仕事を選ぶ若者に、語れることが少し増えました。

一つは、仕事には、お客がいます。その人を喜ばせることって、とても大切です。ピーター・F・ドラッガーが言う「顧客」にどう喜んでいただけるかで仕事のよしあしはきまるでしょう。

先生なら子どもたちかな、食べ物屋さんなら、食べに来てくれるお客さん、プロ野球選手なら、球場に足を運ぶ観客、仕事はシンプルです。その人たちを満足させることが目標です。

そして、もう一つ。

「また来たくなる。」

とお客さんが思えるかどうか、ここが勝負だと思います。

「あなたが、その仕事で幸せを感じ、その仕事でお客さんも幸せになり、そして、また来たくなる。もう一度会いたい、とお客さんが思えればいいよね。」

「自分がその仕事を選ぶと、先程のイメージが持てるなら、迷いなくその道を選択したらいいのじゃない、あなたも幸せ、お客も幸せ、これって素敵だよね。」

ただし、リピーターが来ることって、たやすいことではありませんよね。

他と違う持ち味が自分にあるのかないのか、そこらあたりはしっかり自分と相談してほしいところです。

私事になりますが、講演依頼に関しては、ほとんどが口コミです。

「もう少し、営業みたいなものもしないと。」

とマネージャーから叱られることもあり、そろそろ広報活動もと思っていますが、お陰様で、口コミで今まで続いています。

見てくれた観客自身が依頼人になったり、また、口コミで他人に紹介してくれたりして、次の講演依頼の方を増やしてくれています。

ステージ上で語っている、演技している私は、ハピネスホルモンが出ています、そうなると、

「自分だけでなく会場の人たちにとっても幸せな時間になってほしい。」

と、夢中になって演技をしています、お客さんに喜んでほしいと夢中になっています。

お茶を飲む暇なく語り続けます。その甲斐あって、

「笑いと涙のあっという間の時間だった。」

とお褒めの言葉をいただきます。自分も幸せ、お客も幸せの瞬間かもしれません。

アンケートには「もう一度見たい。」「今度は違う演目で。」と書いてあるものを見ると感謝、感謝です。

また、元教師の一人芝居なんていうのは、役者としても数は少ない。めずらしいのです。こうして、メディアに出ている有名人ではない私なのですが、口コミで依頼が続くと共に、リピーターの方達も後を絶たないようになりました。

五年連続で依頼してくれた町などもあります。感謝です。

ディズニーランドは、来てくれたお客さんを絶対楽しませる隠し味がいたるところにちりばめてあります。だからリピーターの多いこと。

園内でごみが落ちていたら「さっと」掃除しているスタッフ、写真を撮りたいときに「撮りましょうか。」間髪入れず声かけてくれるスタッフ、隠し味があるのです。

仕事は、お客の幸せを思ってせいいっぱいやれば、自分にも幸せがかえってくるかもしれませんね。

その仕事で自分も幸せに、お客も幸せになっている場面が想像できること、その仕事を自分が始めたらリピーターが後を絶たない　こうイメージできればそれは、あなたの進む道かもしれません。

＊あいさつのできる町は犯罪が少ない

私には、母親から、いつも言われていた言葉があります。

「道ばたで出会った人には、知らない人でも頭をさげなさいね。」

時は流れました、
幼児に対しても悲惨な事件が多くなってきた今は、

「知っている人でも、ついていってはだめ。」

親が子どもにそう言わねばならない悲しい時代になりました。

都会に住む私も、近所で知らない人がいたら自分から積極的にあいさつはしなくなっています。

警察の人から、こういう話を聞いたことがあります。

「あいさつを交わす地域には、犯罪が少ないのです。

だって今、この家に盗みに入ろうとねらっている最中に、歩いている人から、『こんにちは』とあいさつされてみてください。

第一発見者ですからね。

まずい、やめようとなるのです。」

なるほどですね。

学校ではあいさつを大切にしています。

「おはようございます。」

地域の方が正門に立ってあいさつをしてくれる学校も多くあります。

戦後焼け野原の時代は、

「大丈夫か？　食べているか？」

こういう言葉が合い言葉だったのでしょう。

東北の被災地の人たちも今、
こうしたあいさつで励まし合っているはずです。

新聞が数週間たまって、ようやく一人暮らしの老人が亡くなったことがわかる近所はさみしいですね。

もういちど、「こんにちは」「元気？」と声をかけ合いたいですね。

あいさつは生きる勇気につながります。

あいさつできる地域を復活させよう。

＊

ためいきは人間が動物として最後に残した鳴き声「はあっ」と一息つきましょう

「忙しい」は、心が亡びると書きます。
多忙はよくないですね。
夕方には家族団らんをしてほしいものです。
夕食、家族がそろって食べているなんてどのくらいの割合なのでしょう。
「はあっ、疲れた。」
が合い言葉ですからね。
南ヨーロッパの国々は、
「遊ぶ」ために働く風情がありますね。
バカンスなんて一ヶ月とっちゃったりします。
日本人がそういうことやったら、
「バカンス病」で、

「はやく働きたい」

となるのでしょうね。


勤勉なお国柄は悪くないと思っています。

ただ「過労死」という言葉が生まれるくらいの忙しさは考えものです。

「ためいきは、人間が動物として残した最後の鳴き声です。」

と講演かなんかで聞いたことがあります。

そうか、本能としてあるのだ。

自分の体を守ろうとして「はあっ」と鳴いているのですね。

だったら、大いに鳴きましょう。

「はあっ、疲れた。」ってね。

だけどそれに付け加えてほしいものがあります。

「でも、今日も充実していたなあ。」

「お前、今日もよくやったよ。」

自分にご褒美もあたえてください。

「はあっ」とため息ついて疲れをはき出しましょう。

＊もういちど我が国のいい所を見つけましょう

あの焼け野原から立ち上がったこの国は、世界から注目されました。

高度経済成長にも、世界の人々は驚きの声をあげました。

そして、今度の震災の時は、暴動も起こさずに、救援物資を整然と列を守って受け取る人々の姿に、世界から感動の声が寄せられました。

しかし、反面、テレビ番組の評論家の人達からは、

「この国はねえ」

の卑下する発言の頻度が相変わらず多いような気がします。

（と言っても他国のメディアの報道は知らないのですが）

自国を褒める頻度が少ないように思うのは私だけでしょうか。

どの国も自国の課題を見失ってはいけません。

過剰な自己満足もいけないのでしょう。

でも、なにか元気の出る言葉が少ない気がするのです。

むかしから、自国に対するほめ言葉が少ないかなと思っています。

他国の大統領をほめる割に、自国の総理は……。

しかも誰がなっても、いつも文句ばかり。

当然課題は指摘されていいのですが、
がんばっている所は、ゼロなのでしょうか。そこらあたりもメディアから聞いてみたい。

当時は褒められなくても時が流れたら、あの時、本当はこういう役目をはたしてくれていた、なんていうのはありますね。

過去は美化されるのか、現役の今、頑張っている政治家を教えてほしい。

女の人が夜中歩いても、安全な国。

時間どおりに到着する公共交通機関。

指定された時間に届く荷物。

少しの間スーツケースを置いていてもなくならない。

教育を大切にするお国柄。

今回の震災で、もう一度、この国のいい所を見つめなおしています。

生活も何十年か前の生活を見直そうとしています。

もう一度いい所をさがしてみたいですね。
だって元気が湧いてくるからです。

＊

かしこい消費者に

大人の経済学です。

なあんて、専門家ではありませんので、ありふれた話です。

元小学校の教師として振り返ると、

「子どもたちって大人になるまで、お金の学習ってどこでするのだろう、学校でも専門的にくわしくはしないしなあ。」

と思います。

社会人になったら、いきなり、

「生命保険は当然入らないと、大人の証です。」

なんて勧誘されて、入りますよね。

でもまだ独身で、家族も子どももいないのに、でっかい死亡保障、だれが必要としているの。でもそんなの気にせず、保険に入り、「俺も社会人だなあ。」なんて思っていました。

石風社出版案内

2012.4

医者は現場でどう考えるか

ジェローム・グループマン　訳・美沢恵子

間違える医者と間違えぬ医者の思考は、どう異なるのか？　刺激的医療ルポ　【5刷】2800円

細部にやどる夢　私と西洋文学

渡辺京二

歴史家渡辺京二氏の文学的感性を示す明晰自在な文芸批評集　1500円

世間遺産放浪記　俗世間篇

藤田洋三　2700円

失われゆく土木から小屋、土壁、意匠まで、庶民の知恵がつまった建築家無しの305遺産、第2弾

北欧やすらぎ散歩

スケッチで旅するデンマーク

ティンドラ・ドロッペ　＊函入・オールカラー　1900円

鹿児島ことばあそびうた②

植村紀子　1500円

家族で楽しめる"かごっま弁"詩集、第2弾！

火の話〈絵本〉　黒田征太郎

ニンゲンにとって火ってなんだろう。戦争から原子力発電まで、神話的時間の中で描く　1300円

たまじいちゃん〈絵本〉

文・そえじま良子　絵・そえじま葉　1300円

魂になったおじいちゃんがてくてく49日の旅

石風社　福岡市中央区渡辺通2-3-24　〒810-0004　☎092(714)4838　FAX092(725)3440
ホームページ http://www.sekifusha.com　eメール stone@sekifusha.com

＊小社出版物が店頭にない場合には、「地方小出版流通センター」扱いとご指定の上最寄りの書店にご注文下さい。お急ぎの場合には、直接小社宛にご注文下されば、代金後払いにて送本いたします（送料不要）。
＊価格は全て本体価格（税別）で表示しています。定価は本体価格＋税です。

◎一般書

＊書名下の★マークは在庫切れ・在庫僅少の書籍です。
＊表示は本体価格です。定価は本体価格＋消費税です。

中村哲医師の本

医者、用水路を拓《ひら》く
アフガンの大地から世界の虚構に挑む
＊農業農村工学会著作賞／09年地方出版文化賞（特別賞）
旱魃の大地に全長二五・五キロの農業用水路を建設した医師の渾身の報告　【4刷】1800円

辺境で診《み》る　辺境から見る
実践の中から紡がれた思考の軌跡　【4刷】1800円

医者井戸を掘る【11刷】
＊日本ジャーナリスト会議賞
戦乱と旱魃の地で井戸を掘る　1800円

医は国境を越えて
＊アジア太平洋賞特別賞
統合基地病院、ついに完成【7刷】2000円

ダラエ・ヌールへの道
アフガン難民とともに【5刷】
ソ連撤退後、大量帰還し始めた難民診療のためアフガン最奥部へ　2000円

ペシャワールにて【8刷】
癩そしてアフガン難民
現地赴任からソ連撤退まで　1800円

空爆と「復興」　アフガン最前線報告
中村哲＋ペシャワール会編
9・11後の空爆下送られたeメール【2刷】1800円

ペシャワール会関連書

アフガン農業支援奮闘記
高橋修編著・橋本康範・伊藤和也他
異文化、過酷な風土の中で積み重ねた六年余の活動記録
2500円

伏流の思考　私のアフガン・ノート
頑固なまでの現地主義を貫くペシャワール会の独自性とは。
一編集者が考えつづけた思考の軌跡　【増補版】1500円

ドクター・サーブ★　中村哲の十五年
丸山直樹　中村医師の実践と葛藤を活写する【4刷】1500円

ダラエヌールの子供たち
伊藤和也　アフガンに斃れた一青年の残した写真集　2500円

アフガニスタンの大地とともに
伊藤和也遺稿・追悼文集
1500円

丸腰のボランティア★　すべて現場から学んだ
中村哲・編／ペシャワール会日本人ワーカー・著【2刷】1800円

甲斐大策の作品

聖愚者《せいぐしゃ》の物語
露天商・羊飼い・ゲリラ・ドライバー…自らの血を代償に高潔を保つ、愚直な四十七人のアフガン群像
1800円

生命《いのち》の風物語
「この短編集を読んで興奮する私をわかってくれるだろうか」（中上健次氏）。苛烈なアフガン版・千夜一夜物語
1800円

シャリマール
禁欲と官能、聖と俗、そして生と死の深いコントラストに彩られた、アフガニスタンの愛の物語
1800円

餃子ロード★
五木寛之氏、松岡正剛氏絶賛
灼熱のオアシスから酷寒の満州へ飛翔する魂の旅　1800円

アジア回廊★
共著・甲斐巳八郎
2000円

神・泥・人★
アフガニスタンの旅から
1800円

ヨーロッパを読む

阿部謹也

「死者の社会史」から「世間論」までを語る

【3刷】3500円

追放の高麗人《コリョサラム》★

姜信子〈文〉アン・ビクトル〈写真〉

＊地方出版文化功労賞受賞 2000円

アフガニスタンの秘宝たち

土本典昭〈編〉土谷遥子〈解説〉 1500円

失われたシルクロードの遺産を収めたポストカードブック（大判絵葉書24枚）

バテレンと宗麟の時代

加藤知弘

＊地中海学会賞、ロドリゲス通事賞受賞 3000円

南蛮船の見える町

わがバテレン・宗麟・瓜生島

加藤知弘 瓜生島探査に生涯を賭した南蛮貿易史の泰斗が残した随筆集 1900円

福岡城天守を復原する

佐藤正彦

幻の福岡城大天守の実像に迫る労作 1900円

佐藤慶太郎伝 斎藤泰嘉

東京府美術館を建てた石炭の神様【2刷】

私財を投じ国内初の美術館を建てた九州若松の石炭商の清冽な生涯を描く 2500円

日本人が見た'30年代のアフガン 尾崎三雄

一農業指導員の記録（写真多数） 2500円

悲劇の豪商 伊藤小左衛門

武野要子

朝鮮への密貿易で処刑された悲劇の博多商人 1500円

福岡の歴史的町並み

門司港レトロから博多、柳川まで

森下友晴 福岡県内十一ヶ所の町並みを平易に解説した、必携のポケットガイド 1300円

外国航路石炭夫日記

世界恐慌下を最底辺で生きる

広野八郎

1928年（昭和3）から4年にわたり、インド／欧州航路の石炭夫として働いたひとりの労働者が、華氏140度の船底で記した最底辺の日常。葉山嘉樹が絶賛した、真のプロレタリア日記 2800円

越南ルート
松浦豊敏　冬部隊一兵卒の過酷な行軍　1800円

わが内なる樺太
工藤信彦　失われた歳月の意味を問う2500円

サイパン俘虜記
松尾正巳　捕虜となった一将校の手記　2000円

恨の海峡
申鉉夏　棘ある応酬を超えて提言する1500円

上海より上海へ　兵站病院の産婦人科医
麻生徹男　慰安所軍医の回想【2刷】2500円

祖国を戦場にされて　ビルマのささやき
根本百合子　ビルマ人が見た戦場の実相　2000円

ローン・ハート・マウンテン　日系人強制収容所の日々
【文・絵】エステル石郷【訳】古川暢朗　2000円

ティンサ　ビルマ元首相バ・モオ家の光と影
根本百合子　ビルマ初代首相の娘の生涯　1800円

北京籠城日記★
守田利遠　義和団の乱、第一級記録2500円

ラバウル日記　一軍医の極秘私記★
麻生徹男元軍医が残した克明な日記5800円

戦後誌
朝日新聞西部本社編
原爆から力道山まで戦後の光と影1800円

名前を探る旅　ヒロシマ・ナガサキの絆
中村尚樹　二人の被爆者の記録　2000円

三池炭鉱「月の記憶」　そして与論を出た人びと
井上佳子　三池炭鉱を支えた与論島の民。懸命に働き、泣き、笑い、強靭に生き抜いた人々の記憶と百年の「影」の歴史を追ったノンフィクション【2刷】1800円

十五歳の義勇軍
宮崎静夫

満州・シベリアの七年

2000円

昭和17年、15歳で満蒙開拓青少年義勇軍に志願、敗戦後シベリアに抑留。帰国後、土工をしつつ絵描きを志した画家が記す感動のエッセイ

旅あるいは回帰★
吉田優子 イベリア半島の古都と村を訪ねた旅の記録（熊日出版文化賞受賞） 1500円

電撃黒潮隊
電撃黒潮隊編集部編 人気テレビルポシリーズが活字となって甦る （1）92～95 （2）96～98 各1500円

東アジア 新時代の海図を読む
朝日新聞西部本社編 世界金融の攻勢に対峙する前線から迫真のルポ 1500円

逆転バカ社長
栢野克己 転職・借金は当り前。元「負け組」社長24人の痛快成功列伝 【3刷】1500円

左官礼讃
小林澄夫 左官への愛、自然が織りなす土壁への真情溢るるエッセイ集 【8刷】2800円

左官礼讃 Ⅱ 泥と風景
小林澄夫 泥と風の織りなす建築の美を求めて。好評エッセイ第2弾 【2刷】2200円

香港玉手箱
ふるまいよしこ 転がり続ける街・香港から在住十年の著者が綴る定点観測 1500円

日本型経営の擁護
嵯峨一郎 グローバリズムに翻弄される評論やマスコミの論拠なき言説を問う 1800円

ヤップ放送局に乾杯！
渡辺考 超スローな南島ヤップに協力隊員として赴任したテレビマンの奮闘記 1500円

わたしの天職
西尾秀巳 北九州・京筑・筑豊の名物市民84人の履歴書 【2刷】1500円

理想は高く輝きて★
毎日新聞西部本社報道部編 小倉高校卒業生51人が語る青春の日々 1300円

テレビ人間万華鏡★
有吉朝美（画・文） テレビという時代の窓に映る著名人を画と文で活写 2000円

世間遺産放浪記 藤田洋三

産業建築から小屋・壁・近代遺産・職人まで、庶民の手が生んだ「実用の美」の風景を訪ねた圧巻の写真紀行 【2刷】2300円

藁《わら》塚《づか》放浪記 2500円

鏝《こて》絵《え》放浪記 【3刷】2200円

環境・くらし

われら雑草家族
平飼の養鶏一家五人の悪戦苦闘の日々
重松博昭　1600円

阿蘇グリーンストック
生産者と消費者の対立を超えて
佐藤誠編　1262円

住民参加マニュアル
カナダ環境アセスメント庁編　2800円

ムツゴロウの遺言★
矛盾多き諫早干拓問題を検証する
三輪節生　1800円

父の話法★
父・豊、谷川雁…滋味溢るるエッセイ
丸山 泉　1800円

おーい！図書館
身近に図書館がほしい福岡市民の会編　【2刷】1800円

地域に図書館はありますか?★
身近に図書館がほしい福岡市民の会編　1200円

文芸

尼僧のいる風景
天安門から遙か、内なる中国の旅
羽床正範　1800円

西海遊歩
九州の作家の作品と風土を語る
片瀬博子　1800円

加久藤越★
敗戦直前の奇妙な行軍を描く
田辺恭一　1800円

町は消えていた★
夢を彷徨う男の不思議な心象風景
田辺恭一　1500円

物識り狂
古今東西の知に遊ぶエッセイ集
植村勝明　1800円

酒のある風景★
酒と友を描く洒脱なエッセイ集
吉野公信　1200円

秋の川
九州の山里を描く秀麗な小説集
河津武俊　1500円

明治博多往来図会
祝部《ほおり》至善《しぜん》画文集
西日本文化協会編（責任編集・日野文雄）

明治の博多の街のざわめき、人々の暮しと風俗が、いま蘇る　＊A4判変形180頁　5000円

水俣病事件と法　富樫貞夫

水俣病事件における企業・行政の犯罪に対して、安全性の考えに基づく新たな過失論で裁判理論を構築。工業化社会の帰結である未曾有の公害事件の法的責任を糾す。一法律学者の、二十五年におよぶ渾身の証言集
5000円

女性・医療・教育

あなたと読んだ絵本のきろく
柴田幸子　生きる力を育むために子育ての中に読み聞かせ　1700円

おばさんシングルズの超生活術
宮地六実　1500円

おばさんシングルズが行く
宮地六実　1500円

アメリカで英語について考えた
宮地六実　1000円

法の花ごころ
湯川久子　1165円

年々去来の花　弁護士の手帖
湯川久子　1800円

輝くサードエイジへ　シニア世代の羅針盤
九州シニアライフアドバイザー協会編【2刷】1200円

いまどちらを向くべきか★
丸山 泉　地域医療の現場で悪戦苦闘する一医師の提言　1500円

小児科の窓から
塚原正人　1200円

日本の家庭料理【仏語版】★
藤原知子・福間康子　1748円

十七歳　生と死をみつめて
古賀梅子【2刷】1500円

孫へ　十代へのメッセージ
緒方昭一　1500円

極楽ガン病棟
坂口 良【3刷】1500円

笑顔のあなたにあいたくて
木戸内福美　1500円

過食症で苦しんでいるあなたへ

摂食障害から立ち直るためのステップ

さかもと聖朋　137kgから53kgへ。苛酷な幼少期の体験を乗り越えた著者による障害克服のステップ　**1300円**

紀行・アート

スコール！ デンマーク
辻信太郎　２０００円

オーベルニュの小さな村★
絵・文 山田純子　１８００円

あなたの笑顔がみたくって
書 龍一郎 画 李恵　１２００円

インドの風のなかで
森崎和江　１５００円

粘土の花 Ⅲ くらしの中のギフト
黒田幸子　１５００円

ビザンティンの庭
絵・文 田代桂子　５０００円

小さな愛情
絵・文 軍嶋龍樹　３０００円

HIGAN 島田有子写真集　８０００円

おかえり 西米良写真日記
小河孝浩　２３００円

フンザにくらして★
文 山田俊一・純子 絵 山田純子　１８００円

シルクロード 詩と紀行
秋吉紀久夫　２０００円

インド
●ノープロブレムへの旅
●やっぱりノープロブレムへの旅
ひのもと由利子　各１５００円

この道一筋 高校ボクシング指導者の横顔
高尾啓介　１８００円

空想観光カボチャドキヤ
トーナス・カボチャラダムス　２０００円

かぼちゃ大王
トーナス・カボチャラダムス　１０００円

それゆけ小学生!

ボクたちの世界一周★

かやのたかゆき&ひかる *09年地方出版文化奨励賞

小５と小３の兄弟が、パパとママを従え中南米、アフリカ、中東、アジアをめぐった１年間のバックパック旅行記　1800円

詩集・句集・歌集

はにかみの国【2刷】★
石牟礼道子全詩集　2500円
02年度芸術選奨文部科学大臣賞受賞

街・物語 photo×haiku
寺井谷子　1500円

いのち みずかみかずよ全詩集★
丸山豊記念現代詩賞受賞
水上平吉編　3500円

身世打鈴 シンセタリョン★
姜琪東《カン キドン》　1800円

姜琪東俳句集★　3000円

ノヴァ・スコティア
樋口伸子　2000円

淵上毛錢詩集
前山光則編【2刷】1800円

あかるい黄粉餅
内田麟太郎　2000円

古川嘉一詩集
前山光則編　2000円

井上岩夫著作集
Ⅰ 全詩集 Ⅱ 小説集
Ⅲ エッセイ・詩拾遺
—戦争と土俗とモダニズムを引き連れて、鹿児島が生んだ孤高の詩精神が、いま甦る
豊田伸治編
Ⅰ、Ⅱ巻5000円
Ⅲ巻　7000円

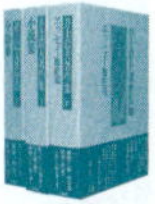

- 詩集 あかるい天気予報★　樋口伸子
- 詩集 図書館日誌★　樋口伸子
- 詩集 男池 (おいけ)★　大原美代
- 詩集 空の花★　石村通泰
- 詩集 凧からの伝言★　江島桂子
- 詩集 午前一時の湯浴み考★　吉本洋子
- 詩集 原色都市圏★　福間明子
- 詩集 ことづて★　西川盛雄
- 詩集 夢書　羽田敬二
- 詩集 天の秤★　羽田敬二
- 詩集 お七・異聞★　坂田燁子
- 詩集 鏡★　村岡正子
- 詩集 救命ボート　庄司祐子
- 詩集 丘の零度★　井上瑞貴
- 詩集 タタミ★　幸松榮一
- 福岡県詩集【1996年度版】★
- 勝鬘空位抄★　森山光章
- 句集 うめぼし　石村定子
- 詩集 「ハイホー」★　吉貝甚蔵
- 詩集 鏡子★　原田暎子
- 歌集 生かされて　みずかみかずよ
- 句集 鷺替★　大村和子
- 歌集 緩徐楽章　村山寿朗
- 歌集 群青　船間和子
- 詩集 兵隊オルフェ　荒木 力
- 詩集 流星雨につつまれて★　働 淳
- 詩集 水路★　赤地ヒロ子
- 歌集 残燈　目加田誠
- 詩集 我身一人日記　日高三郎
- ふたたびの夜神楽　柴野恵五行歌集
- 句集 夏 雲　今村武彰句集
- 詩集 和田浦の夏　庄司祐子
- 中原澄子詩集★
- 連句集 ふらう　荒木理人・宗像文夫・五條元滋

◉児童書

＊書名下の★マークは在庫切れ・在庫僅少の書籍です。
＊表示は本体価格です。定価は本体価格＋消費税です。

みずかみかずよの世界

小さな窓から★ 1300円

「愛と命の限りなく清らかな詩集」（椋鳩十）

子どもにもらった詩のこころ★

「赤いカーテン」「金のストロー」などの詩が小学校教科書に掲載されている著者が自身の精神史を語ったエッセイ1300円

ぼくのねじはぼくがまく★

絵・長野ヒデ子 1000円

ごめんねキューピー 新装版

絵・長野ヒデ子 1500円

戦中、親戚に引き取られた女の子。駄菓子屋の人形が欲しくてつい…。少女期の心の葛藤を鮮やかに描いた名作

はゆかまさのりの世界

象さんがんばれ 1000円

絵・井村光子ほか

わがままな王様と優しい象つかいの少年。王様は、戦争で使う強い象を探すよう命じますが……

ぼくおうちにかえりたい★ 1000円

「ぼく、おうちにかえりたくなったんですけど」。ペンギンの坊やの言葉に、園長先生は困ってしまいました

こんなにかわいくなりました★ 1000円

今日はみんなお出かけ。一人でお留守番のお姉ちゃんは、うさぎさんをかわいくしてあげようと思いました

おとうさんの豆《まめ》だぬき★ 1000円

ふしぎとうれしい

長野ヒデ子

「生きのいいタイがはねている。そんなふうな本なのよ」（長新太）。絵本と友を生き生きと語る、著者初のエッセイ集!

【3刷】1500円

博多っ娘詩集 いきるっちゃん
うしじまひろこ
少女の心をうたった博多弁詩集 1300円

海にねむる龍
指導・働 正
郷土の伝説を子供達が描いた絵本1000円

ちっご川
絵・文 北野中学校生徒【2刷】2000円
筑後川と河童をテーマに描いた創作民話

鹿児島ことばあそびうた
植村紀子 絵・長野ヒデ子（朗読CDつき）
初の鹿児島弁あそびうた集【3刷】2000円

かわうそときつね
文・ごうんどうちあき 絵・辻宏達
かわうそときつねの昔話を佐賀弁で描いた絵本1000円

木喰《もくじき》さん
作・弥勒祐徳 旅僧・木喰の生涯 1400円

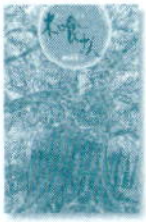

麦の穂との約束
＊紙芝居
原作・吉山たかよ 文・水口瞳 絵・いのうえしんぢ
「福岡大空襲」の同夜、雷山村に落ちた焼夷弾。歴史を語り伝える紙芝居 1500円

聖福寮の子どもたち★
文・いしがのぶこ 絵・むらせかずえ
満洲・朝鮮の地で親を失い、引揚げてきた子供たちを育んだ引揚げ孤児収容所の一年 1000円

わらうだいじゃやま★
文・内田麟太郎 絵・伊藤秀男 1500円
「よいさ よいやさ じゃじゃんこ じゃん！」。大牟田の夏まつり〝大蛇山〟を描いた元気な絵本

白いなす
文・黒瀬圭子 絵・宮崎耕平 1500円
海峡の町をおそった空襲の悲劇を伝える絵本

わくわくどきどき Ⅰ～Ⅲ集
大野城まどかぴあ図書館編
〈第Ⅰ、Ⅱ集〉1000円 〈第Ⅲ集〉500円

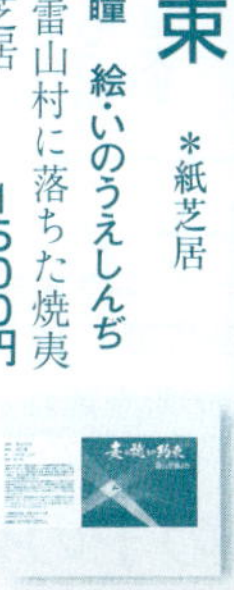
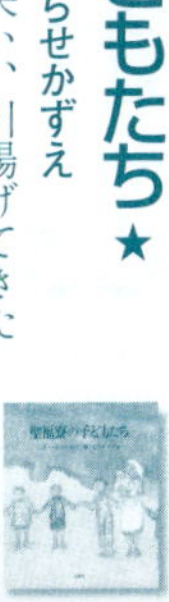

小学生から

クロネコつうしん
松尾初美　絵・いしいゆきお
ぜんそくの少年とクロネコの不思議な交流を描く表題作ほか、心温まるネコの物語　1300円

ゴールキーパー ＊読み物
大塚菜々　絵・いのうえしんぢ
ぼくはもう、孤独なゴールキーパーじゃない！　1500円

グランパ　文・絵　これながかずひと
ファーマーに木こりに大工。無骨だけど、魅力的な男たち　1800円

うえにん地蔵　享保の飢饉と子どもたち★
おぎのいずみ　絵・田中つゆ子 ＊読み物
飢饉の時代へタイムスリップ　1500円

ゆめのタマゴ ＊小学生の詩集
朝日新聞西部本社編
不思議でユーモラスな小学生たちの詩集　1500円

縄文風花記　岩本末治
太古の愛を描くファンタジー　1400円

かたつむりのおくりもの★
文・はやしさちよ　絵・なかむたけんじ
公園でひろった一匹のかたつむり。小さな命とともに成長する少年の心　【2刷】1000円

風になるまで ＊読み物
前田美代子　絵・いのうえしんぢ
戦争から十年。福岡近郊の村で、大阪から少女と地元の少年少女が出会ったのは……。　1500円

ドラキュラ屋敷さぶろっく ＊読み物
前田美代子　絵・いのうえしんぢ
戦後間もない九州の片田舎。不気味な洋館で少年少女が見たものは……。　1500円

ムーンとぼくのふしぎな夏
荻野泉　絵・いのうえしんぢ ＊読み物
古代の女王の声に呼ばれ千年をさかのぼれば、そこは古代の戦場だった！　1500円

天を織る風 ＊読み物
永田智美　絵・甲斐大策
中世アフガン、ガズニ朝に迷い込んだ日本の少女を描く珠玉のファンタジー　1700円

サケよ、ふるさとの川へ ＊読み物
倉掛晴美　　絵・いのうえしんぢ
炭坑の町を流れる遠賀川。サケ回帰伝説に魅せられた大人たちと地元の小学生たちが育んだ感動の実話　1400円

海の子の夢をのせて ＊読み物 【4刷】1300円

全米ベストセラー絵本

あたしのくまちゃんみなかった？

J・ファイファー 訳・れーどる&くれーどる 1300円

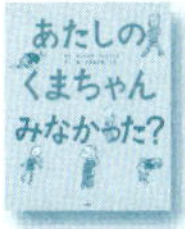

すて犬たちの心を知る絵本

ぼくがすて犬になった日

文・おおうらすみよ 絵・みついただし 1400円

大男のはなの穴

やまもとさとこ 1300円

孤独な大男。鼻の穴にすみついた船長と猫

MAGIC CANDY DROP

訳 いわもとあや【英語・日本語併記】

文 まつだゆきひさ 絵 くろだやすこ 1500円

カレーやしきのまりこさん★

文 方藤朋子 絵 おおくまみわこ 1000円

学校の帰りのはるな。いつもカレーのいいにおいがするお屋敷をのぞいてみると……

めだかさがし

文 ちはる 切り絵 おくいただし 1300円

おじいちゃんと、小さな大冒険！

天にかかる石橋★

文まつだゆきひさ 絵くろだやすこ 1200円

鹿児島の人々に愛された西田橋を描いた絵本

とぼうよギンヤンマごう★

文ごんどうちあき 絵 長野ヒデ子 1300円

新しく公園にきた大きなギンヤンマごうが石のバクの背中に乗って……

海のかいじゅうスヌーグル

文・ジミー・カーター 訳・飼牛万里

絵・エイミー・カーター 1500円

元米国大統領の創作ファンタジー

雪原のうさぎ★

作・常星児

絵・久冨正美 訳・水上平吉 1500円

おとしものだよ★

文・絵 いかいみつえ 1000円

拾い物の名人がある日拾ったものは……

空からとんできた牛

文・絵 のだみどり 1165円

エサを求め、ゆたゆたぼしに向った牛は…

話題の絵本・児童書

とうさんかあさん

ながのひでこ　＊新装版

第一回日本の絵本賞奨励賞　長野ワールドの原点、待望の復刊　【2刷】1400円

昭和二十年八さいの日記

文・佐木隆三　絵・黒田征太郎

広島でキノコ雲を見た8歳の少年の心象風景を描いた〈イノチの絵本〉【2刷】1300円

サンピラー　お母さんとの約束

文・堂園晴彦　絵・本田哲也

鹿児島から北海道へ――。母を亡くした兄弟の約束とは。魂の救済のための絵本1300円

ぼくのうちはゲル

バーサンスレン・ボロルマー　訳 長野ヒデ子

＊野間国際絵本原画コンクールグランプリ

草原を旅する家族　【2刷】1500円

らっしゃい!

文・松本梨江　絵・えもときよひこ

まっくらな春の山みち。しごとがえりのはらぺこ新聞記者が出会ったのは……　1300円

おかあさんが乳がんになったの

文・絵　アビゲイル&エイドリエン・アッカーマン

訳　飼牛万里　1500円

坊主頭のママ。最初は悲しかったけど…

なんでバイバイするとやか?

文・ごとうひろし　絵・なすまさひこ

養護学校に通うてつお君と小5のきんじ君。二つの表紙で始まる絵本　1300円

モンゴルの黒い髪

バーサンスレン・ボロルマー

訳 長野ヒデ子

モンゴルの伝統民話を描いた絵本

【3刷】1300円

今、この歳で振り返れば、むかしの私に言ってやりたい。

「お金は、収入より支出が少ないとたまるのだから、収入の少ない若いうちはそれなりの生活、支出にしなさい。」

とね。

つまり、二十代は、車も、電気製品も、できるだけ中古で我慢しなさいということですよね。

あるお金持ちは、

「車は給料の少ない二十代ではぜったい持たないと決めていた。金食い虫だし、ローンで買えば利子もつくし。家だって、現金で買えるようになった歳に、考えると決めていた。」

と徹底していました。

収入より支出を抑えるという考え方が、身体に染み込んでいたのでしょうね。

でも、このお金持ちとは違って、ほとんどの人が、車も、マイホームも、ローンを組んででも、早く持ちたいと思いますね。

だから一生ローンで苦しめられる人も出てきます。

おかしなことに、けっこう貯金が増えてきたのに、そのお金でローンを返して年数を短くしようとする人が少ないのも事実です。

めんどうくさいからでしょうか。

銀行に預けても利息が少ない時代ですから、このお金をローンの返済にあてれば、その間の利子を払わなくていいのでかなりお得です。

これを「繰り上げ返済」「中抜き」なんていいますが、これをローン返済が始まって早い時期にやればやるほど、返す利子が少なくなります。

「まとまったお金がないから、ローンを組んでいるのじゃないか。早い時期に返せるわけがないじゃないか。」

ごもっともです。だから、この早い時期に、高い利子がついているのですぞ。

借り立ての始めは、借りたお金の元金はあまり減ってなくて、まずは利子を先に払っている割合が高いのです。

ということは、税金の住宅控除があったにせよ、無理してでも、ちょっと貯金ができると、早いうちにローンを繰り上げ返済していく方が、どんなにお得かということです。

くわしいことは、マネー関係の雑誌で研究してください。

賢い消費者になる学習って本当はとても大切なことですよね。

「レンタルビデオ、返却期間に間に合わないでいつも延滞料払っている。」

なんてことになっていませんか。

「三日間ですぐにやせるダイエット法」

「一ヶ月ですぐにマスター、驚きの英会話」
こんなセールストークに弱いなんてこと、ありそうですね。
資本主義の社会に住んでいます。誘惑がテレビから流れてきます。
会社は営利追求ですから、それはいろいろなアイデアを考えます。
こちらが、陥りやすい部分を考えて、営業もやるでしょう。
したがって、お金の勉強は大切です。収入を超える支出はひかえないと。
お金が原因でさまざまな事件が起きます。
かしこい消費者学習、子どもたちにもしっかりと大人がやってあげたいですね。
バブルの教訓を思いだそう。

しばらく我慢の時代です。
賢い消費者になろう。

＊女もつらいが男もつらいよ

男女平等、男女共同参画社会、女性の地位の向上、こういう言葉、よく耳にします。

先進諸国の中では、日本の女性の地位は、まだまだ低いものがあります。

女性が、子どもを生んでもばんばん活躍できる社会を構築しないといけません。

ただ、最近思うのは、男もけっこうつらい立場にあるなあということです。

年間、この国は、三万人以上の方が、自らの命を絶っています。

この問題も、一刻も早く手を打たないといけません。

その割合は、圧倒的に、男が多いのです。

不景気をはじめ、いろいろな重みが男の人の肩にのしかかっているのかもしれません。

考えたら、家族のため、会社のためにがんばって、「さあいよいよ定年でバラ色の老後だ。好きなことをするぞ。」と思っていても、仕事人間だったら、趣味も少なく、友だちも名刺だけの付き合いの人だったり、どうも思い描いていたバラ色の老後になっていないかも知れません。

その点、女性はやれランチ、やれ習い事、やれ温泉旅行と生き生きしている人をみかけます。

男同士で、温泉旅行、う～ん、なかなかないですものね。

私は、定期的に演劇を鑑賞していますが、会場は、圧倒的に女性が多いですね。

本当の意味の男女平等、
それは女性の地位の向上と、男の老後が生き生きとしていけば、なかなか成熟した社会になるのかもしれません。

男性のみなさん、現役の時に趣味を作って、仕事だけのつきあいではなく、本当の友達をつくっておきましょう。

男も生き生きとしましょう。


現役の時に趣味をつくりましょう。

第二章　親へのエール

＊

ありのままを愛する無条件の愛について

今回の震災では、多くの人が、朝、

「行ってらっしゃい。」

と家族を送り出して、それが永遠の別れになってしまいました。

こんなことなら、もっと家族仲良く、もっと優しい言葉をかけあっていればよかったと、
悔いる人もいることでしょう。

そうです。

私たちは、そんな別れを意識せずに日々を送っています。

今日も、

「おかえり。」

が言えることを当たり前だと思っています。

子育てでいうと、今日もあの子が生きて帰ってくるのが当たり前。

だから、それだけで十分だ、生きていることだけで十分だと、ありのままのあなたで十

分だと、なかなか思えないのです。
いや、学力が
いや、運動神経も
いや、やさしさも
いや、老後の面倒も
次々と理想の子どもが頭に浮かび、
いつしかその理想の子を愛してしまい、
目の前の我が子の存在に、眉間のしわが増えたり、
首に青筋が増えてきていたりしているのでは。
○○大学に入ったら愛してあげる
○○会社に入ったら愛してあげる
愛に条件がつけば、それは本当の愛ではないのでしょうね。
「ありのままのあなたが宝物よ。」
そう日々、子どもに語っているお母さんは、
幸せそうです。

ありのままを愛してみませんか。

＊

子育ては、自分が変わらない限り眉間のしわと首の青すじは消えない

講演先で出会う子育て真っ最中の保護者の皆さんによくこういいます。

「楽勝の子育ては、どうやら、ないようですよ。人を産み育てる人生はたいへんですね。」

会場の反応、がっかり。

「今日、なにやら楽勝の子育ての話、仕入れようと思っている人、はずれですよ。」

てね。まず、子育てはたいへんなんだと、腹をくくろう。腹をくくった上で、子育ての楽しみ方考えてみましょうよ。

自分だけのことを考えていた独身時代とは違って、命の分身を自立させるまでは、めんどうをみなければなりません。だから、たいへん。

でも、目の前の我が子は、あなただけが頼り、あなたがいないと生きていけない。これだけ人から必要とされているなんて、なんて幸せ。

幸せなんだけど、我が子は、あなたをカチンと来させる名人。

生まれてすぐやること、夜泣き。

こちらが塾睡した時をねらって、わざとのように泣き出す。

さあ行くよと忙しいときにかぎって、玄関先で「おしっこ！」。

スーパーでしっとり系のお母さんの豹変した顔を見てしまう。

「お母さんはあなたにやさしい子どもになってほしいのよ、なんでけんかしたの。」と胸ぐらつかんで、眉間にしわ、首には青すじ。

うわっ、見ない方がよかった。あのお母さんまで、豹変させてしまう子どもたち。親をカチンと来させる名人。

じゃあこう思うことに、しましょう。

「ははあん、子どもは、親を成長させるために、生まれてきたんだ、だったらこっちが変わってやろうじゃないの。そう簡単にカチンと来てなるものか。」

泣いたら、夜中でも瞬時に起き、「おしっこ」と玄関先で言われても、「時間はまだあるから。」と余裕を持って計画し、優しい子どもになってほしいなら「私がまず優しくなってやる。」とね。「あら、気づいたら、親になってから、人間的に成長してきたかも。」


自分が変われば、子育ては楽しくなるのです。

子どもを変えたいならまず自分が変わりましょう。

＊子育ては、自分の親からされたようにする、いろいろ学ぶと幅が広がる

子育ては、自分育ての旅なのです。

講演でよく言います。

「子どもがいるから、今日、この講演にも来られたのでしょう。いなかったら、こんなにいい天気、どこかドライブ行くなり、一日テレビの前で横になっていてもいいのですもんね。今日は、いろいろと義理と人情で来た人もいるかもしれないけど、子どもがいるから来られたのです。ずっとこれから先、こういう子育て研修会、学校でも続きますよ。ほら、子どもがいるから学習の場がまた与えられたのです。」

独身だった頃は、講演会なんか縁遠かった人も、子どもの親となれば、いろいろな講演会と出会うことになります。

実は、こういう講演会苦手な人も、めんどうくさがらず、行ってみるといいですね。そ

うしないと、自分が親からされた通りの子育てをくりかえすことが多いのです。

「私は、親から殴られて育った。だから自分の子どもを持ったとき、絶対子どもを殴らない。あんな親にはならない。」

と誓った親が、

「私も気がついたら同じことをしている。先生どうしたらいい。」

と悩まれて、相談に来るケースがあると、精神科のお医者さんが言っていました。

子育ては、親にされたように無意識にくりかえすのですね。

いい子育てを受けてきた人は、いいかもしれませんが、そんな例もあるのです。

そうであるなら、子育て仲間、子育て情報誌、先生、講演会、いろいろな出会いが、きっとあなたの子育てを豊かにしてくれるはずです。

我流から、幅が広がります。

実は、子どものためと思って受けた講演会が、親自身の人生を豊かにしてくれることもあるのです。私事で恐縮ですが、私の講演後、

「今日ほんとは、家で家事しようと思っていたのですけど来て良かった、泣いて笑って元気になりました。」

と目を赤くして参加者が帰って行く姿を何度も見てきました。

泣いたり笑ったりは、日常の慌ただしい生活の中での癒しになるのです。

さあ、いろいろと学んで、子育てに幅を持たせましょう。

＊教育は「エデュケーション」。語源は「引き出す」子どもの宝物引き出しましょう

親や、教師や、周りの大人の役目。

それは子どもの宝物を引き出してやることです。

本人がなかなか気づかない宝物。

プロ野球選手の中には、父親が小さい頃から、その子の才能に気づき、その道を支援していった例はいくつもあります。

周りの人がわかるのです。

「この子ひょっとしたら、こういうこと向いているのかも。」

「これをするときは、生き生きとした顔になるなあ。」

とまずは、親が気づいてやるといいですね。

子どもの夢は変わります。

小さい頃は、

「仮面ライダーになる。」

から始まってだんだん現実味をおびてきます。

大切なことは、

「そんなの無理に決まっている。」

「食べていけないだろう。」

と一刀両断、夢をつぶしたりしないことです。

例えば、小説家になりたいなら、いろいろ応募するといいですよね。

スポーツだったら勝敗として結果が出ますからね、向いている向いていないは、はっきり結果として出てくる。

歌手だったら、路上で歌ってみるとか、オーデション受けてみるとか、
自分でも気がつかない才能を人が見つけてくれるのです。

向いていなければ次の道をさがす。

『13歳のハローワーク』（村上龍著）という本もあります。

就職氷河期を迎えたこのごろ、社会的地位や収入にもこだわりたいのもわかりますが、

「これをやりたい」、「自分に向いているか」ということが、優先順位だと思います。

一生一度なら、自分のやりたいこと、向いていることが生業になれたら幸せですね。
さあ今から宝物捜しといきますか。

仲間に聞いてみよう。「俺の宝物何かなあ。」

＊見えない学力をつけてやるのが親の役目

点数が見える学力なら、それを支える見えない学力があります。
見えない学力を育てるのは親の役目です。いっきにまとめてみましょう。

言葉掛け・コミュニケーション

点数にこだわるなら、それを支える土台にこだわる必要がありますね。
生まれてすぐしてほしいのは、抱きながらの言葉掛け。
「今日は青空よ、さんさんと太陽が降り注いで気持ちいいねえ。」
赤ちゃんに言葉のシャワーをかけてください。
日本語は、駅前留学しなくても、突然しゃべりはじめます。
ずっと聞いているのですよ。お母さんやお父さん、周りの人の言葉を。
だから、テレビに子育てをまかせてはいけません。

おかあさんの言葉のシャワーが大切です。

語彙《ごい》力が将来の点数として見える学力を支えます。

言葉のシャワー、よろしくおねがいします。

絵本の読み聞かせは就学前教育の不可欠要素

保育園・幼稚園の頃、言葉のシャワーをもらった子どもたちは、絵本に興味を持ちますね。

親や先生、読み聞かせの声はしっとりしています。

どなって読んでいる人を見たことはないです。

「むかし、むかし」

あの響きがたまりません。

大人の声を気持ちがいいと思える子は、人の話をよく聞こうとします。

しっとりした声に出会えるのも読み聞かせのすばらしいところです。

また、絵本の読み聞かせで想像力がつきますね。

絵本の世界を自分なりにイメージして膨らませます。

見えないものを見る力。他人の心の痛みがわかる力。想像力は大切です。

また、絵本には、人権を大切にしよう、平和な世の中にしようと、いろいろなメッセージが込められています。

感性が育ちます。まさに絵本の読み聞かせは、根っ子を育てる小学校にあがる前までの教育の不可欠要素なのです。


おんぶに・だっこに肩車・高い高いはこの時しかできない、スキンシップです。


子育てのやり直しは、何度もできます。でも中学になって「おふくろ、高い高いして。」なんて息子に言われても不可能です。

今しかできないことがあるのですね。

まさに就学前の時しかできない、このスキンシップ、心の安定につながります。

大いに抱きしめてください。


小学生にあがったら家庭学習、習慣にしたいね。


人間は、忘れる動物です。

その日、習ったことは、少しでもいいです、もう一度反復すると、救える子、いっぱいいるのにと思います。

何もしないで、ゲーム・テレビ・パソコンで夜更かし。寝不足で学校では居眠り、ますます学力の差が開いていく、この悪循環です。

家に大人がいればまだしも、「先生、働くだけでくたくたよ。」そういうお母さんの子どもを応援したいものですね。

まず、鉛筆持っただけでめまいがするくらいお勉強がきらいな子には、音読がいいなあと思います。

忙しいお母さんでも、料理しながら、その背中で聞いてやるということができますから。音読が好きな子は多いです。ましてや聞き手がいればなおさらです。

今日習った教科の部分を全て音読、これだけでもかなりの復習になると思います。家の人も「今、ここを習っているのね。」と把握できますからね。

そして調子がでてきてリビングでそのまま宿題。そのときはテレビを切って協力してください。

「毎日、宿題をこつこつやるねえ。継続は力なりよ。すごいよ。」と勇気づけてください。忙しい保護者もこれだったらできるかも。

反復が大切なのです。

テレビ・ゲーム・携帯・パソコンにふりまわされない

二十一世紀、生まれた時から子どもたちは、この四点セットに囲まれて生きています。息抜きや、いいつきあい方ならいいのですが、ネットやメールを人の誹謗中傷に使ったり、寝不足の原因になったり、使いこなすというよりは、ふりまわされたらいけないですね。

買ったならば、いろいろなルールが必要ですね。

しっかり管理をするのが大人の役目です。

四つとも画面に表示というのも特徴です。

人間は人の間と書きますから、直接に人とまじわる方が子どもを育てることになると考えています。

異年齢の縦割りで夕方まで遊ぶことの大切さ

空き地でガキ大将を中心に縦割りで夕方まで遊ぶ、あの文化は子育てには必要なものだと思っています。

大人がいなくても何時間でも自分たちで創意工夫しルールをつくり、遊んでいく。あそこで全てを学んでいたかもしれない。

あこがれのお兄ちゃん、お姉ちゃんをめざし、いじめみたいなものがあっても「ここまでにしとけ。」と止めるガキ大将。

コミュニケーション能力なんて言わなくてもそこに全部があった。

この二十一世紀に復活しないかなあと私は願っています。

家庭塾なんかどうでしょう

私の演目で『ヤンママ子育て騒動記』というものがあります。

その劇の中に、知り合いのお母さんたちが、子どもをあずかりあい、家庭で学ぶ合う子どもたちにしていく取り組みが出てきます。

塾にやる余裕はない、夕方にはなかなか帰りつけない、働いているお母さんたち。「でもほったらかしの子どもたちの夕方が気になる。」

そこで、知り合いのお母さんが集まり、それぞれバラバラな休日をすりあわせて、ローテーションを組み、一週間に一日だけ子どもたちをあずかり、他の日は他のお母さんに我が子をあずかってもらうという取り組みです。

家で縦割りの子どもたちが学び合う。終わったら近くの公園で、子どもたちが縦割りで遊び、親の迎えを待つというもの。週に一度のお茶会で反省会、これもわいわいがやがやたのしいものになっていく。

これを家庭塾とよび、近所で大評判になるというシーンがあります。

これっておもしろいと思うんですが、ご近所でどうでしょう。

早寝・早起き・朝ご飯

聞き飽きたフレーズですが、大切だから言われているのです。

まだまだ、できていないから言われているのです。

人の生活にはリズムが必要ですね。

ぐっすり寝て、しっかり朝ご飯を食べさせて、学校では絶好調で生活をおくらせたいですね。

睡眠は、心も、脳も、体も、リフレッシュさせます。

朝ご飯は、特に大切。炭水化物、タンパク質は、ブドウ糖を分解してくれて脳を活性化させますから、しっかり栄養とらせてください。

ごはんに、納豆、豆腐、みそ汁、しっかり食べて、いってらっしゃい。

自尊感情について

自分に誇りを持つ、自分が好きだという感情です。

自分の命の分身に、自分を誇りに思ってほしいですね。

自分をありのままに受け入れられる子は、他人の存在も受け入れ、いじめなんかに手を染めたりしません。友だちの心の痛みがわかりますからね。

だから我が子に自分が好きになれるように魔法の言葉をかけてください。

「お母さんはあんたを生んで幸せ。」

他の子と比較をしない。過去の我が子と比べてその成長を勇気づけてください。

「小さい頃は弱虫だったけど、今はたくましくなって、お母さんを守ってね。」

なんて言われたら、

「よっしゃあ。」

となりますね。

「隣の○○ちゃんを見習って。」

なんて言われても元気にはなりません。

いじめについて

私は『君をいじめから守る』という一人芝居をしています。

この作品を作るにあたって、いろいろと現場の話、本などから取材もしました。

大人もそうですが、子どもも、精神的にまいってくると、死を考えたりする場合もあります。そういうとき、

「食べない」

「しゃべらない」

「眠れない」

とサインが出てきます。

どうぞ中学生の保護者はこの三つのサインに敏感になってください。

特に我が子の部屋を、夜中たまにはのぞいてみてください。

ぐっすり眠れていたらまずはひと安心かもしれません。

いじめに関しては、大人にわからないようにするものです。

だけど、仲間は知っていますから、

親同士がつながっていたら、仲間の親から情報が入る可能性があります。

中学生は、どちらかというと、

親には「寄るなさわるな」を言いますから、確かにこの思春期べたべたはできないでしょうから、せめて遠くからしっかり見つめていてください。

親同士のネットワークは大切ですね。

生徒会やクラスに「いじめから守る委員会」みたいなものを組織することも大切ですね。一人の正義感で言っても、「ちくったな。」と逆にその子がいじめられることもあるのです。「傍観者はいけません。」というより、周りの子が声を出して言える環境、組織が大切だと思います。

遺書を残して逝ってしまったでは、とりかえしがつきません。

「どうしてもっとはやくに気づいてやれなかった。」と悔やむ前に、ちいさなうちに叩き壊す組織が必要です。

いじめは、される側もする側も決して幸せにはなりません。

携帯やインターネットによる誹謗中傷もなんとかしないといけません。

メールでの悪口も後を絶ちません。

ネットでは学校裏サイトで先生や友だちを実名で誹謗しているものもあります。

メデイアとどう向き合っていくか大切です。

見えない学力、子どもたちの育ちの環境をよくするために、大人たちができることを考えていきましょう。

第三章　先生へのエール

＊疲れている先生たち

二〇〇二年の学校五日制導入以来、精神科医に相談する先生の数が急激に増えてきているといいます。

「ゆとり教育」という名から逆行するように、現場は多忙になり、先生は同僚とゆっくり話す時間もなく、先進諸国の一クラスの生徒数の倍近くの子どもたちと、毎日教育実践を展開しています。

「一日、休みが増えたのだから、平日忙しくなるのは当然。」なのでしょうか。子どもたちも帰る時間が遅くなり、先生も子どもたちも、くたくたに疲れているように見えるのは私だけでしょうか。

私は、元同僚の先生たちが、これからどんどん元気を失っていくのではないかと心配です。

学校現場は、かつて、来る学校五日制に備えて、行事も含め今まであるものを見直そうとしました。それを「スクラップアンドビルド」と呼びました。

「大事な物は残し、思い切ってなくしていく物もはっきりさせよう、そうしないと学校はパンクしてしまう。」

そうやって見直したのに、なかなか捨て切れてないのが現状なのかもしれません。やっぱりどれも大切だから……。そういう声が聞こえてきそうです。

土曜日の半ドンがあったころ、教師たちはランチを食べ、クラスの子のこと、自分の家族のこと、趣味のこと、いろいろと語り合っていました。

同僚が仲間として成り立っていました。「悩みは人に相談するだけで六十パーセント軽くなる。」とある精神科医は言っていました。

あのランチの時間がなくなりました。

それだって先生たちから元気を奪っていった大きな要因の一つかもしれません。

職員室も「おはよう」のあいさつより、

パソコンを起動させる方が、さきになっているのかもしれません。

忙しいは、心が亡びると書きます。

今こそ、本当に、子どもの教育に必要ではない物をスクラップしないといけません。

倒れる先生を社会が本当に声を出して救わなければならない時です。

大切な自分たちの子をあずけているのですからね。

思い切ってスクラップ、そしてランチに行こう。

＊ブレーキは遊びがないとすぐに急ブレーキです

むかしに比べ、学校への要求は多くなるばかりです。

いや、学校だけでなく社会全体が遊びのないブレーキみたいで、踏んだらすぐ急ブレーキで止まってしまうような、大らかさがなくなり、どこか閉塞《へいそく》した息苦しいところがあります。

マスコミもどこかステレオタイプで、何か起きたら一斉にバッシングしていくこわさを感じます。

政治家は、失言しないように、言葉を選び、選び、慎重に話をしています。

中には、聞き違えたかと思うようなひどい放言もありますが。

こうなってくると、『坊ちゃん』の様な、破天荒な教師は、まず登場しないでしょうね。

冒険はしないが、そつなく仕事がこなせる、バランス感覚のある先生が多くなってくるのでしょうか。

事なかれ主義をつらぬいていくような。

しかし、学校という場所は、事なかれ主義ではいられません。

だってあんなに、たくさんの子どもや先生、そして支える保護者、地域が集まる場所なんですから。人は人間ですから、人の間で育っていくのです。

いろいろともまれながら、時には、けんかもし、「ごめんなさい」を覚えて大きくなっていくのです。

人が集まれば、その人数だけの人間関係がうまれ、さまざまな課題もうまれるのです。だから何か事は起きますね。

大切なのはその時、子どもも教師も親も地域も一丸となって助け合い解決する姿だと思います。

むかし、休みの日、若い先生は生徒を連れて遊びに出かけていました。

時は流れ「何かあったらどう責任取るのですか。」ということになり、そういう場面は見かけなくなりましたね。

子どもが育っていく課程には、ある種の「大らかさ」は必要なのでは。

そこだけはむかしにかえりたいなあ。

今よりちょっとでいいです。社会全体が「大らかに」なりませんか。

＊

学力の二極化からの脱却

ゆとり教育導入で、学力低下の問題が叫ばれました。

いろいろな調査がなされましたが、その時、問題になったのが、真ん中の学力の子たちの層が激減し、「低学力」の層が増えてきて、いわゆる「できるか」「できないか」の二極に子どもたちが分かれてきているということでした。

社会では、大人たちが「勝ち組」「負け組」といういやな言葉を使い始め、これが「格差社会」「格差世襲」へと変わり、ますます重たい言葉が使われ続けていきます。

この流れに呼応するかのような学力の二極化問題。

親の学歴や経済力が、子どもたちの進路に影響し、「持てる者」の子は、また同じ人生を歩む確率が高くなり、よって世は二世、三世花盛りになっていきました。

政界も、芸能界だって、二世、三世、花盛りです。

ここ最近、代わっていく総理大臣を見るだけでも、象徴的です。

私は、二世、三世が活躍することに反対しているのではありません、才能があってやる気のある人はどうぞ活躍してほしいと思っています。

問題にしているのは、そうでない子が、努力をすれば報われる社会になっているかということです。

かつてこの国から、小学校卒業が最終学歴の総理大臣も出ていました。

この国は、親が貧しくても、親が苦労して育ててくれて、子どもも努力をすれば、道を開くことができた、そういう可能性を秘めていた場所でした。

金持ちでも、貧乏でも、ほとんどの子が、公立の学校に通い、放課後の塾や習い事もほとんどなく、夕方まで縦割りで遊んでいた時代には、「はなから勝負がついている」ことはありませんでした。

教育の選択肢が豊富ではありませんでしたから、スタートラインに差は今ほどはありませんでした。私は、今、公立学校の大きな責務は、経済的な理由などで、放課後の塾など行けない「ここでしか、この公立学校でしか学力を保障してもらえない」子どもたちに、しっかりと学力をつけてやることだと思っています。学力の二極化からの脱脚は、多くの子どもたちに光を与える取り組みで、ひいては、子どもたちが、先生たちが、学校が、元気になっていく大切な目標だと思っています。


一人の子も見捨てない教育を目指そう。

＊
一斉授業の見直し

江戸時代の長い鎖国が終わり、外国からきた人たちは、日本の教育力に驚くことになります。

例えば、字の書けない水兵が、日本の子どもたちの識字率の高さに驚きました。「読み・書き・そろばん」この力だけは付けたいと、寺子屋に通っている民衆の子どもたち、その寺子屋の数も半端じゃない、教育を大切にする国がらだったのです。

高度経済成長の頃、この国の製品は群を抜く人気でした。「日本製は、ねじ一本しめ方が半端じゃない。」と、外国人に対して、日本人の勤勉な姿勢が信頼感を生んでいました。いわゆる教育の力が全員野球を生んでいたのかもしれません。だから、今、一刻も早くこの二極化から脱却しなければいけません。どの子も、授業中に全力投球できる授業を再構築しなければなりません。親や、地域の教育力も見なおさなければいけません。

実は、格差を超えるために、いろいろな実践がなされています。私は、自分の実践を振り返ったり、各地の力のある学校の書籍を読んだり、実際に現地に行ったり、いろいろと教職から離れても、リサーチしています。

そのことについて語っていきましょう。

まずは、一斉授業からの脱却です。

日常の授業はどの子に光があたっているか。

私は、教師時代、いろいろな民間教育団体の実践を模倣しました。

本屋に行っては、いろいろな実践本を買って、全国で著名な先生の実践を模倣しました。

教師修行は、まねることから始まると思っていましたから。

今でも、その修行で得た体験は、私の大きな財産になっています。

さて、そういうまねることが好きで、また、まねるのが得意な私は、持ち前の話術も駆使し、授業には、二十代からかなりの自信を持っていました。

しかし、その自信が、そのうぬぼれが、天狗の鼻がぽきりと折れる時をむかえます。

三十代前半、私が所属していた福岡市人権教育研究会（当時は福岡市同和教育研究会）で、「授業中、もっともつらい時間を過ごして、わからないままの状態の子を、自分の授業の検証の軸に据えて、輝かせていく授業を実践していこう。」と組織的に取り組むことになりました。

「いい取り組みだなあ。」

と、はりきってはじめました。

算数で輝かせたい子を検証軸にしながら、授業をすすめていくと、その子はわからなくて、つらそうな顔をしていく、だからこちらは、

「つまりね。」

と、もう一度、補説を加えていきます。

そうすると、ますます困惑したような顔をしていきました。

「ねえ、実はさ、君を大切にするような、わかるような授業を工夫しようとしてるのだけど、ますます顔が曇るなあ、どうしたらいい？」

「困ったときは、子どもに聴こう。」がモットーでしたから、本人にそう聞くと、

「ああ、だから最近おれの顔をよく見てるものね。先生、おれが、わからん顔したら、また説明くり返すやろ、先生がしゃべればしゃべるほど、おれわからなくなる。とにかく早く一回、解かせてもらえないかな。」

「友だちの意見も何言っているのか全然わからん。とにかく一回解いてみたら、何がわかって何がわからんんか、わかりそう。」

なるほど。

つまり、先生が、黒板の前で、しきって延々と語っても、それを理解できる子が手を挙げて意見交流していても、理解が厳しい子にとっては空白の時間が過ぎていくだけで、その時間は、手をあげて交流をしている子たちに光があたっているだけなのです。

一見、多数の子が手を挙げて、発言が深まっていくいい授業に見えている影で、こういうことになっているわけです。

こういう「いい授業」をしていた私の、自己変革が始まりました。

必要以上の、説明、発問、指示、を見直し、そぎ落とし、教師がずっと黒板のまえでしきってやっていた一斉授業から、一斉↓個別・学び合い・教え合い↓一斉と、できるだけリズムとテンポを大切にして、どの子にもひまな時間をあたえないように意識をしました。

検証軸の子がいい意味で「ああ今日は疲れたあ。」と言えるように、それだけを視点に据えるだけで、授業は驚くほど、改善されました。

一斉授業を見なおすと、教師がしきる時間が少なくなるので、子どもたちが、自分の頭で考えたり、教えあったりする時間が生まれるので、受け身から、積極的な姿勢があらわれてきました。

この間、教職から離れるまで、この一斉授業の脱脚、リズムとテンポの授業にこだわり、もう一つ加えるならば、放課後の短い時間の補習、名付けて「ちょい勉」も導入しながら、「低学力」克服に向けて取り組みました。

今現在、教職から離れても、全国各地の実践をリサーチすることはライフワークにしています。中には、子どもたちの『学び合い』(上越教育大学西川純教授が提唱)に光を見いだしている研究、実践にも出会います。

話は戻しますが、「人は、学びたいと思う人から学ぶ。」ということを聞いたことがあります。

「今日は、自分が教えてほしい友だちの所まで移動してやっていいですよ。学び合って下さい。」と言うと、検証軸の子は、次のような子どもを指名しました。

自分より少し学力が上の子の所にいきますね。

「おまえの教え方よくわかる。ちょっと教えて。」

「おまえは俺の気持ちがよくわかるからうまいね。」

と言って、その子を指名し、ほのぼのとした様子で、教えあっています。

そうですよね。大人がパソコン習いたいなら、専門家の横よりも、ちょっと自分よりもうまい人の横の方が、気も楽だし、しかも、教えてくれるその人はさっきまでできていなかったのだから、苦手な人を教えるつぼをつかんでいるのかもしれませんから、そういう人を指名したいですよね。

教師は、何度教えてもわからない子に対して「なぜわからないのかがわからない。」ときっと眉間にしわ寄せて、その子を緊張させているのかもしれません。そして本当はここを知りたいと思っていることをすっとばしたり、むずかしい専門用語で説明しているのかもしれません。わかった子から、わからない子へ。「みんなわからないとつまらない。」「自分だけわかってもつまらない。」と動き出します。

人に教えることは、最大の復習になり、人に説明できないなら、本当の理解ではないでしょうから、教える側も有意義な時間になります。

わからない子は、自分から聞きに行く、「たよる学力」というものが育つし、そして前述の「人は学びたいと思う人から学ぶ。」指名ができます。

不況の中、教育予算はどうなるかわからない、それならば、子どもたちどうしの仲間というミニ・ティーチャーがいっぱいクラスにはいるではありませんか。教師一人が教える人ではないのです。

一斉授業の見直しは、発達障がいの子どもたちも救われます。

私の「子どもの学び館」には、子育てについていろいろな相談がよせられます。中には、発達障がいと言われる子どもの保護者からの相談電話もあります。

近年、研究がすすんでいますが、まだまだ周りの無理解で学校でよくしかられたり、保護者も「親のしつけができていない。」とせめられたりしています。

一番心痛いのは、

「どうせ自分はだめな人間なんだ。」

と自尊感情（自分のことが好き　誇りに思える感情）が傷つけられ、二次障がいに苦しむことです。

みんなと同じことをしなければならない、一斉授業ばかりならば、同じことをするのが苦手な子もいますから、目立ったり、しかられたりし、「だれかこの子の隣にもう一人先生を。」という声が聞こえてきそうです。

実際、こういう条件づくりも必要でしょうが、

これが、『学び合い』の場に活動を落とすと、個々の取り組みになるので、自分の個性にあった学びもできるし、仲間が支えてくれるので、空白もなくなります。

「どこにいるの」と、全然目立たなくなります。

ずっと続いてきた一斉学習は、臨機応変、見直しにかかると、学力の二極化からの脱脚、子どもたちの仲間作り、「低学力」克服、協力していく学びなど、いろいろなチェンジが、いろいろなドラマが期待できそうです。

そして、きっとこれは、先生たちへの大きな応援歌になれそうです。

一人も見捨てないために、子どもたちの『学び合い』が必要なのです。

＊二十一世紀の光、フィンランドの教育も協力の学力

二十一世紀の教育を語るとき、この国が登場しないことはないくらい、注目を集めるフィンランド。

テレビでも何度も特集されています。

私が見たＮＨＫの特集。遠い記憶をさかのぼれば、

この国の教師の合い言葉は「一人の落ちこぼしもださない。」とのことでした。

資源も少ない、人口も子どもの数も少ない国で、一人でも落ちこぼした子どもにしてはならない、子どもは未来の宝、どの子も大切にしなければならないとの思いから来る合い言葉だそうです。

しびれる言葉ですね。でも考えたら資源が少なく、少子化が問題になっているのは我が国も同じです。この国は、落ちこぼした子を大切にしなくていいのでしょうか。学力の二極化を放置し、不登校で苦しんでいる子を大切にしなくていいのでしょうか。

フィンランドの合い言葉を、我が国の合い言葉にしなければと思います。

テレビでは、フィンランドの留年制度や放課後の補講などの様子も出ていました。「おちこぼし」を出さないために、わかるまで教える姿勢がありました。

また、『学び合い』の姿も随所にあらわれていました。

机を班にしながら、力を合わせる姿が見られました。

ヨーロッパは、ユーロという共通の貨幣を使うようになり、それぞれの国の民族や文化や宗教等々、様々な違いを乗り越えて、生きていかなければならなくなりました。

違うことが当たり前の所から、力を合わせる教育が大切になりました。

違うからおもしろい。子どもたちがプロジェクトチームをつくり、ああでもないこうでもないと言って知恵を出し合う教育が、フィンランドには見られました。

競争ではなく協力の教育です。

知人が、フィンランドの国語を学ぶ機会があって、私に教えてくれました。

「いやあ、日本の国語のイメージとは、違うものでしたよ。広告を作る授業で、グループで協力して、広告を作る。どんな品物やサークルの紹介などでもいいから、人にインパクトを与えるよう工夫してくださいという取り組み。私たちが子ども役になって、いろいろな知恵を出して実際に広告をつくっていったんですけど、おもしろくって。人はいろいろなアイデアがあって、班全員が活躍できるし、そこで言葉の力も学ぶし、協力するといいものができますね。」と。

大人になって働くときも、この力を合わせ、アイデアを出し合い、作り上げていく、この能力こそ、一番身につけておかなければならないものかもしれません。

フィンランドが注目を集めるわけですね。

私たちの国の教育にまねしたいことが、たくさんあります。そして先生たちが元気になれるヒントも隠されていそうです。

競争だけではだめ、協力の学力、力を合わせる学力がこれから求められるのだと思います。

一人の子も落ちこぼさない、この言葉を日本の教育の合い言葉にもしたいものですね。

＊学級開きからの三日間、やはり大切です

ここまで、学力の二極化脱却について「一斉授業の見直し」「子どもたちの学び合い」について語ってきました。ここから話題を少し変えましょう。

ここからは、一生懸命やっても、なかなかクラス作りがうまくいかないと悩んでいる先生への応援歌です。

三月を迎える頃、なかなかまとまれなかったクラスは、先生も、子どもも、親も「もう少しのしんぼうだ。」と終業式を指折り数えます。本来なら、「もう少しでお別れだね、いろいろあったね。」と自分たちの成長を確かめ合うときなのに、残念です。

原因はいろいろあるでしょうが、大切なことは、あらたな春を迎える時に、しっかり原因を分析して、繰り返さない準備をしておくことです。

失敗は成功のもとといいますが、目の前に子どもたちがいて、何度も失敗は繰り返せないでしょう。

「今年は、子どものメンバーが悪かったのだ、来年こそ。」

なんて、子どものせいにしていては、また同じ展開になるかもしれませんよ。

教育や子育てと名がつくものは、自己変革が不可欠なのです。

「教師が変われば、子は変わる、親が変われば、子は変わる。」と言われるように、子どもを変えたいなら、自分が変わることなのです。そこを意識しないと同じことの繰り返しになるのです。

では、四月から、どんなことを大切にしていけばいいのか、学校応援歌として、私なりにいくつか綴りたいと思います。

学級開きの出だしの日々ってとても大切ですよね。経験上、そう思います。さて、なぜ、出だしの三日間なのか。だってこの時期、子どもたちは、今度の先生はどんな先生なのか目を皿のようにして、全神経を集中し、先生を注目しているのですよ。

「こんなことには厳しい、こんなことは許してくれる。」

子どもたちも、この一年、ここで生きていかなければなりませんから、そりゃあ、必死で先生を分析しています。

だから出だしが大切なのです。

新学期前に、出だしの三日間を計画しましょう。

何を許したらいけないのか、何を認めていけばいいのかを整理してのぞみましょう。

＊聴きあえる集団に

出だしの三日間、聴きあえる集団にすることがとても大切です。

まずは先生の話を聴いてくれるかということです。

これをいい加減にすると後々困ります。

欧米諸国の一クラスの人数は二〇人から二五人で、この人数くらいなら職員室で、

「あの先生、穏やかでしっとりしているねえ。」

と言われる先生が、教室で「いいですかあ。」と声を荒げて豹変する必要も、のどをからす必要もないのかもしれません。一刻も早く一クラスの人数を見直していくべきだと思います。そうすれば各地で救われるクラスが出てきます。

教育予算こそ増やさないといけません。何度もいいます。子どもは未来の宝物なのです。

将来へ向けて、投資しないとね。

しかし、我が国の今の一クラスの人数では、先生に集団をまとめていく技量がどうして

も必要になってきます。

そこで、まず学級開きでは、「先生の話も、友だちの話も、すっと聴きあえるクラスにしよう。人の話を聴けるのはその人を大切にしていることです。先生がこの先、声がかれなくていいようにたのむよ。と言っている先に、君。そうこっちを向いて、今、あなたも含め、みんなに話しているからね。」

と聴き合いができることを子どもたちに真っ先にお願いすることは大切ですね。

どのクラスを持っても、子どもたちがしっとりしていく先生いますよね。

出だしの数日で、どんどん聴く態度がよくなっていく、どうしてなのでしょう。

実は、私は、今でも、講演で呼んでいただく際に、授業参観が先に行われている場合「廊下から参観させてもらっていいですか。」と授業を見せていただくのですが、こんなことに気づきます。

クラスがしっとりしている所は、まず先生の声がしっとりしています。

しゃべりながら、みんなに声をとどけているのでしょうね、どの子の顔も見渡しながらしゃべっています。だから一人の子の動きもよく見えています。

それに反して、ざわざわしているクラスは、（子どもたちが『学び合い』をしているのなら別ですが）先生が教壇で説明しているのに聴いていないというか、子どもが後ろ向いてしゃべっているのにかまわず先生もしゃべっているし、子どももざわついているから、教師の必要以上の大きな声が廊下に響いているのです。

始めが肝心ですね。教師が、子どもが聴いていようがいまいがしゃべり続けていくならば、荒れてきますよね。しっとりしているクラスは、始めに、先生が子どもたちに聴くことを大切に、徹底し、厳しくしているのですよ。

人の話を聴くことはその人を大切にしていることなのです。

人の話を聴ける集団に。
それは先生を仲間を大切にしている証だからです。

＊リズムとテンポ　時間はみんな平等

「先生のとこ、給食の準備、早いですね。もう昼休みですか。」

と言って、昼休み半ばまで、給食を食べさせている先生がいます。

「いやあ、だんどりが悪くって。」

と言われますが、子どもたちにとってはたまりません。

子どもたちにとって昼休みは大切な夢見る時間です。

「運動場に行ってドッジの場所おさえないと。」

死活問題です。

「先生、子どもの気持ちわかってよ。」

そう思います。こういうことが毎日続くと子どもたちには、必ずストレスがたまります。

これは子どもたちができることではないのです、時間管理することは。

給食の準備の早い先生は、まず授業をチャイムで終わらせています。教師ののりで、延々と授業は続けません。特に四時間目（終わると給食）の授業は意識して終わるようにしています。こうすれば、子どもたちの方も、協力して給食の準備をすれば、食べる時間にも余裕ができて（と言っても日本の給食時間は短い）昼休みがチャイムと共に始められると目的意識が持てるので、子どもたちの準備にもリズムとテンポができるのです。

これは、授業も同じです。先程も述べましたが、教師が一方的にしゃべり続ける講義調の授業と、先生の発問・指示・説明が端的になされて、子どもたちが聴くだけでなく、学び合い、教え合い、活動し合える時間があり、聴く、話す、書く、という活動にバランスがある授業とでは、どちらが伸びるかは、想像できるでしょう。

体育の授業を考えると、さらに、わかりやすいですね。

先生の説明がやたら長くて、子どもは、運動場で、体操座りをしている時間ばかり、そしてチャイム。ほとんど汗はかいていない。こういうことです。

リズムとテンポを意識するだけで、子どもたちが時間内でどれだけ頭と心を使い、汗をかいているかを意識するだけで、クラスは変わります。

一年たてば、「なんで、先生のとこ、子どもたちの書いたノートの量あんなに多いの？どこにそんな書かせる時間あったの？」なんて言われますよ。

だから、授業の時間数を増やすことより、まずは、一時間の質を見直すことの方が大切なのではないでしょうか。

リズムとテンポです。目の前の子どもとのライブがいつも展開されているのです。乗っているのかあきているのか、しっかりそれを感じ取れる感性をもってやってみてください。

こういう体験があります。運動会の練習の時です。

子どもたちは、入場門のところでわいわいしゃべっています。ここで、

「いつまでしゃべっているんだ。もうそこにいたら、入場がはじまるっていうのはわかるだろう。」

こんな説教が飛び出しそうです。

現に私もやったことがあります。

「大事な時間がどんどん減っていくだろう。」

と言って（説教している私がどんどん時間を減らしている）、
こういう場面、運動会の練習の時、よく見かけますね。

先生からすれば、

「もうこの時期、本番まであとわずか、いいものにしようと心ひとつになって、入場門に並んだら、静かに開始のチャイムを待っていていいのじゃないか。」

そう思いたいですよね。

実際に、そうなるときだって、学年によっては、ありますから。

しかし、だんだん私もまるくなっていくのか、
あれは、私が三十代で六年生を担任していた頃。運動会の表現を練習していました。

（話は変わりますが、私は、レクリエーションダンスも好きで、ファミリーコンサートでも子どもたちと今でもよく踊っているのです）

入場門に集まってわいわいやっている子どもたちを見ながら、

「考えたら、休み時間から集まって、しかもクラスが違う仲間が、狭い空間に集まっていて、おい元気か、昨日たのしかったな、なんてやっているとしたら、チャイムも忘れて話してるのだろうなあ。」

と思うようになりました。

そのことは、そりゃあ、いいことではないでしょうが、入場門にいる子どもたちがシーンとしたら始める、と思っているこちらの方も、形式主義すぎているかなあと思ったのです。

チャイムが鳴ったと同時に、

「みんな話をやめて静かにしてください。」

ではなくて、いきなり音楽をかけました。子どもたちは、とたんに、話をやめて、入場開始、その日は、一つの小言もなく、次から次へとテンポよく練習が進みました。

たったこれだけなのです。説教をやめ、音楽をかけたこれだけなのです。

心構えを育てたり、精神面、態度面を育てたりということも大切です。

それは否定しませんが、やり方次第では、いつも説教ばかりで時間がどんどん過ぎていくということにもなりかねないのです。

実は、こういうことは、よくおこなわれています。

「今から〇〇の学習を始めます。」

日直さんのあいさつ。

「〇〇くん、静かにしてください。〇〇さん、手をおひざに、〇〇さん。」

（えーい　早く始めようよ。）

こういう形式主義では、時間は、どんどん過ぎていきます。もったいないのです。時間はみんな平等で、限りがありますから。

ゆっくり時間をかけたら、わかる子どもにとって、時間は貴重です。

学校には、研究授業と言って、同僚に自分の授業を公開することがあります。

私も随分やりましたし、他の先生や他の学校の先生の授業も見せてもらいました。

このリズムとテンポから見れば、
出だしだけで、すぐにわかることがあります。

あらかじめ、渡された指導案（こんな教材で、こんなねらいで、このように進めますと見ている先生方にわかる計画案）を見ながら、

「時間内には終わらないだろうな。」

という予想がたつということです。

あらかじめ、時間配分もされているのでしょうが、特に公開となると出だしに時間が要する傾向にあるのに、それにも増してテンポがなければ、予定通りにいかないでしょう。

「まだ予定のここまでしかいっていない。」

参観者が心配することになるのです。

時間を意識するだけで、クラスは変わります。

まずは、出だしの三日間、時間を意識してみてください。

＊言葉は言霊《ことだま》、魂がこもっている、だから大切に使っていく

クラスで飛び交っている言葉、新しいクラスで出だしどんな言葉が飛び交っているか、意識してください。後々、気づいて注意しても後の祭りになります。

例えば、

「今、なんて言いました？　先生の聞き違いかなあ。なんて言った？」

「死ね。」

なんて聞こえてきたら、

聞き過ごしてはいけませんね。

毅然と、厳しく注意してください。

「今度の先生、やさしい顔しているけど、怖いなあ。」

当たり前です。すべてにこにこしていません。

「これからも、あなたたちの、だれかが、いじめられたり、傷つけられたりして、にこにこするわけないでしょう。始めだから言っておきますよ。自分の言葉には責任を持ちな

さいよ。相手の心の痛みがわかる想像力を養ってくださいよ。」

子どもたちが「安心して暮らせる」そういう場所にするためなら、毅然としなければならないときありますよね。

「無政府」状態ではいけません。

出だしに、そういうことはしっかりやらないといけません。

変に子どもに気に入られようとして、こういう大切なことを見過ごしたらいけません。

いやかえって、子どもたちは喜んでいますよ。

「今度のクラス安心して暮らせそう。」と。

教師が人権文化の発信地です。教師自らが、子どもたちの自尊感情が高まる言葉掛けを実践してくれたら、クラスに包み込まれる感覚が生まれます。

お互いが勇気の出る言葉を魂を込めて使っていく、これは何よりも大切なことです。後々ではだめです、初日から、毅然とのぞみましょう。

そして、「あなたはこんないいところがある。」

「先生は、このクラスを持てて幸せ。」

「ありがとう。」「うれしい。」これが日常語になれたらいいですね。


素敵な言葉でクラスを包み込みましょう。

＊みんなで子どもを輝かす

大阪の先生の実践だったか、こういうエピソードを覚えています。

つっぱりの子が、まあこれをＡ君にしましょうか。彼が久しぶりに学校にあらわれる。

ずっと家にいるのもあきたのか、久しぶりの登校。目的はただひとつ、教師にけんかを売って目立つ。

一時間目は数学。ずっと私語、

「相変わらずわからん。」

なんてやじも飛ばす。

しかし、この先生、なかなか挑発にのらない、それどころか「今日、お前が学校に来て先生たちみんな喜んでいる。お前の居場所はあるんやから、そんなにつっぱるな。」

けんかして目立つあてがはずれたA君、そこで何気なく聞いていた授業、「先生それ3やろ。」と発言。

「そうだよ、３だよ。」

もともと彼は数学が得意だったのです。

ここからがドラマです。

数学の先生が次の英語の先生に、

「今日はＡ男が来ている、私の授業で発表したんです。」

「うれしい話ですね。」

二時間目英語の授業、

「聞いたぞＡ男、一時間目発表したそうだな、俺の授業も頼むぞ。」

「いいや、お前の授業は発表せいへん。」

三時間目前、職員室、英語の先生が次の体育の先生に、

「今日久しぶり学校に来たＡ男、数学でしかも発表したそうです。」「いい話ですね。」

体育の時間。先生が、

「聞いたぞ、Ａ男、一時間目数学で発表したらしいな。体育もがんばってや。」

次の美術も、そしてそれは放課後まで続きます。

本来なら見捨てられそうなＡ君を先生方みんなが登校したことを喜び、しかも一時間目の出来事を、職員室で伝言ゲームのように伝え合い喜び合っている姿が、感動的で目に浮

かびます。つっぱりのA君だって、いろいろな事情があってのこと。きっとこの一日が終わって正門を出て、だれもいなくなった頃、一人で、

「にやっ」

と笑顔になったことだと思います。

そのやりとりを一日見ていたクラスの子は、

「俺らの先生、ああやって子どものことあったかく見つめて、職員室で連絡とりあっているんだ。俺もピンチの時支えてくれるかなあ。」

ときっと喜んでくれたと思います。

一人の子を学年の先生たちが見失わないで、みんなで輝かせているこの実践が今でも心に残っています。


学年の先生みんなで子どもを輝かす、ライトで言えば正面だけでなく、足下のフットライトのようにみんなで輝かせたいですね。

＊これからも先生方の応援団でがんばります

私が、教職から離れて、八年の歳月が流れました。

今では、先生方の元同僚として応援団をつとめています。

私が主宰する「子どもの学び館」では、教師を目指す大学生が学んだり、若い先生たちが集ったりすることもあります。

学級が荒れた先生の悩みを聞いたり、時には直接クラスに行って、一人芝居で応援したりもします。

そのたびに、学級開きからのボタンの掛け違えがなかったら、みんな傷つけあわずによかったのにと思うのです。

出だしの三日間から、先生も子どもたちも大切にされる学級文化が構築されていたらと思うのです。

先生も一人の人間です。どうぞ子どもたちに悩みを打ち明けたり、子どもたちと共に支えあったりしてください。一人で何もかもしきらないで、子どもたち仲間たちをつなげて、みんなで、同じ空間を居心地のいい場所に、一人も見捨てない場所に、学ぶことが楽しい場所に、してください。

職員室では、元気のある先生は、どうぞ悩める先生を見失わないでください。最後まで話を聞いて、たった一言、

「つらかったねえ。わかるよ。」

と声をかけてください。

いきなり倒れる先生はいません、それまでのイエローサインを見逃さないでください。

そして、常に「学びの同僚」でありたいですね。

慰め合うことも大切ですが、その前に、荒れる前に、常に、授業をはじめ教育実践を学び合える関係性、風土が大切ですね。

「こんな授業するよ。見に来ない。」

「こういういい本が出たよ。読んでみて。」

わくわくどきどきする実践があふれる環境が大切ですね。

管理職の先生は、常に先生方の体調をこころがけてください。

学校業務で、スクラップできるものがあったら、どうぞスリム化してください。

そして子どもとかかわれる時間こそが最も大切ですから、その時間が確保されて、子どもも先生も笑顔あふれる学校になれるといいですね。

これからも、私は、元気な学校を探し続けながら、講演活動を続けていきます。

そうそう、余談ですが、今年、子どもの学び館に元同僚をはじめいろいろな先生方を週末招待する企画を持っています。

ぱあっと週末は息抜かないとね。

なんでも応援団です。

子どもの人生に寄り添えた素敵な仕事だと思えるように、これからも先生方の応援団としてエールを送ります。

第四章　芸能・スポーツからのエール

＊映画は人生のすばらしい応援歌

映画は人生のすばらしい応援歌です。

わたしの演目の中には、映画作品もあります。

ステージには、イス一つ。背景もない中での再現劇です。

したがって、観客は、自分の想像力を駆使し、自分の中のスクリーンに、情景を描きながら見ています。

長い月日をかけて練り上げられた映画の脚本の世界を、演じる側、見ている側は、同じ空間で、味わい、笑い、涙し、感動していくのです。

映画の脚本は、すばらしい。演じながら、そう、感じます。

そこには、人生の応援歌があり、生きるヒントがあり、教育があります。

私は、小学校の教師を二十二年間、勤めました。夢見る日々でした。子どもたちとのドラマは、今でも、わたしの大きな財産です。

映画再現劇の原点は、新規採用二年目にありました。音楽の教科書に、わたしが大好きだった映画「大脱走」に流れていた「大脱走マーチ」が、合奏曲として登場しているではありませんか。

子どもたちに自分の思い出を語らずにはいられませんでした。

「実はね、この映画、先生大好きだったのよ。」

「えっ聞かせて、先生。」

二時間かけて、映画のストーリーを語りました。

話していく中で、ストーリーの中に子どもたちへ向けられる様々なメッセージがあることに気づきました。

語り手のわたしも生き生きと語っているので、聞き手もわくわくしています。

「ここで、ヒルツ（スティーブ・マックイーン）が、スイスに向けてオートバイで一つ目の柵を跳び越える。周りは数十人、いや数百人のドイツ兵が取り囲んできた。いよいよあと一つの柵を跳び越えると、スイスだ。自由がそこにある。ヒルツは、助走をつけて、そして……」

「そして、先生、どうなった。」

「ヒルツは……」

もはや、教室は、劇場になり、子どもたちは、登場人物に同化していき、様々なメッセージを自分なりに受け止めていきます。

私の再現劇が終わると、子どもたちは、

「先生、まるで映画を見ている気持ちになった。」

と、言ってくれました。一人芝居の原点がここにありました。

次の日、保護者から連絡帳で、たよりをよせていただきました。

「まずい、二時間も音楽の授業が脱線したから、苦情のたよりだ。」

恐る恐る、目を通していくと、

「先生、昨日、息子が学校から帰ってきて、ずっと音楽の授業の話をしてくれました。わたしも、あの映画大好きだったのです。青春時代を思いかえしました。我が子と、自分の大好きな映画について語れるなんて、とっても幸せでした。そんないいきっかけをあたえてもらいました。ありがとうございました。」

こんな、内容でした。

親子で、同じ映画を見て、泣いたり、笑ったり、怒ったり、そして、見終わって、その感動をひとしきり語り合うのもいいことですよね。

人生に、芸術がなければ、

味わいがなくなります。
食べていくことは大切ですが、
それだけでは、人生はたのしくありません。
音楽
文学
演劇
映画
絵画
スポーツ
まさに人生の応援歌です。
子どもたちに見せたい映画をピックアップしました。
ここからもう少し
映画について語りましょう。

「いやぁ映画って本当にいいですね。」
まさに人生の応援歌です。

＊映画「大脱走」。持ち味を生かし、それぞれが連帯すれば大きな力を生み出します

時は、第二次世界大戦、捕虜収容所から脱走兵があいつぐ中、ドイツ軍は、「脱走不可能な捕虜収容所を作り、そこに、脱走常習犯、脱走のプロを集め管理しよう、つまり、腐ったみかんはひとつに集めよう」という計画を立て、実行します。

しかし、これは、捕虜からすれば、脱走のプロをわざわざ集めてくれたのだから、歴史上類のない脱走、大脱走が可能となる発想をもたせます。

こうして、映画の前半は、個性あふれる脱走のプロたちの、組織立った集団作りが展開されていきます。計画実行、物資調達屋、旅券・身分証明偽造屋、トンネル掘り班、見張り係、さまざまな協力が大計画を可能にしていきます。

映画の後半は、自由を勝ち取るための大脱走が、それぞれの友情を柱として展開されていきます。

目の見えなくなった仲間に対して「おれがお前の目になってやる。いっしょにここから出よう。」と運命をともにしていく調達屋。

本当は閉所恐怖症だったトンネル掘りのベテランを「だいじょうぶ、ぼくがそばにいるから、安心して。」とよりそってくれる仲間。組織から離れスコットランド人と単独で脱走を試みる脱走回数ナンバーワンの男ヒルツは、何度も独房に入ることに。そのスコットランド人がみんなの前で射殺される事件を契機に、集団の先頭に立って、脱走を試みます。スティーブ・マックイーンのバイクでの逃走シーンは映画史上にのこります。

あと柵を一つ越えることができれば、国境を越えスイスだったのが、残念ながら、弾がタイヤにあたり、スリップしてバイクごと鉄線へ突っ込みます。

人は、それぞれが違う持ち味をもっていて、それが連帯すれば、ものすごい力を発揮する、自由という人間が保障されなければならない権利に向かって、彼らの協力は見事でした。そして、いくつもの友情がこの映画の中核にどんと座っています。

私が中一の時、同級生が、この映画を四コマ漫画のパロディー版にしてくれたのも懐かしい思い出です。

今、被災地も、持ち味の違う人たちが、力を合わせて復興に向かっています。

自由をめざしたあの脱走兵たちのように。

人は違うから連帯すればすごい力を発揮します。
そして一人の仲間も見捨てない、これが大切なことです。

＊スピルバーグ監督が「自分の中のユダヤ系の血と立ち向かわせた映画」と位置づけた映画「シンドラーのリスト」

「ＥＴ」「ジョーズ」「未知との遭遇」。挙げたらきりのないヒット作の生みの親である、「娯楽映画の巨匠」が、ホロコーストをテーマにした作品を手がけたときは驚きでした。

当時読んだ映画のパンフレット、記憶をさかのぼれば、

「なぜ、ホロコーストをテーマに選んだのか。」

「それは、わたし自身がユダヤ系だからだ。」と彼は答えています。

彼の祖父母はヨーロッパからアメリカに渡ってきたユダヤ人家族でした。祖父母の親戚である何人かは、ユダヤ人強制収容所で亡くなったそうです。少年時代、祖父母が語ってくれた「恐ろしい話」に戦慄したそうです。また、戦後、祖父母の所へ英語を習いに来ていた多くのユダヤ人移民の腕に刻み込まれた認識番号のその数字を見て、スピルバーグ少

年は、数をおぼえていったそうです。考えたら恐ろしい話ですね。

彼は、若かった頃は、自分のその血筋を心のどこかで恥じ、過剰に意識し当惑していたことを告白しています。「こうして、ユダヤ系であることが、自分の財産と思える日が来るとは夢にもおもわなかったよ。」と変遷をとげていきます。

この作品はそんな背景から生まれてきました。あえて白黒で、セミドキュメンタリータッチで映画はながれていきます。

最後に赤い服をきた女の子が死体の山の中にいるシーンがあります。そのシーンは、色がついているのです。黒澤明監督の「天国と地獄」にも使われている手法です。その赤い色が今でもわたしの心に焼きついています。

「娯楽映画の巨匠」といわれる監督ですが、反戦の思いは、こう考えてくると以前の映画にも見ることができます。「インディージョーンズ」の相手もナチスでした。

上映されていた時は、我が子も小さかった。

いよいよ、これを親子で見て語り合うときが来ました。

戦争の不合理を確かめたいものです。

戦争は最大の人権侵害です。

この映画で何度も確かめたいものです。

＊映画「タイタニック」の船の中に見る差別の構造・豊かな生き方のヒント

かつて大ヒットした映画「タイタニック」。

わたしは、あの客船の中にわかりやすい差別の構造があるなあと思って見ていました。一等船室は、華やかな貴族・大金持ちの社交の場となっています。話すことは経済のこと、政治のこと、家柄のこと。空気が冷たく、競争、悪口、虚栄、そんな描写が意識的になされていました。

その中にヒロインもいます。

経済的には全く厳しく、家柄だけにしがみついている家の娘。好きでもない金持ちの男へ嫁ぐ運命。そんな彼女が画家を夢見る青年と出会います。彼は賭けで勝って三等船室の乗船券を手に入れてこの船にのりこんできます。貧しい青年との愛が運命を変えようとします。

彼は、彼女の紹介で一等船室の食事に招待され、恋敵や彼女の母親から嫌みも言われます。

「根無し草のような暮らしはつらいでしょう。」

しかし、彼はこう答えます。

「いや、明日何が起こるかわからないから人生はたのしい。野宿をすることもあれば、こうして今みなさんとこんな豪華な食事もしているではありませんか。わたしは、このキャンパスと絵の具があればそれでいい。」

たしか、そんな言葉を誇らしげに言う場面があります。

三等船室は、彼のような民衆がいっぱい、それぞれの民族舞踊をわいわいがやがやお酒を飲みながら踊っています。豊かな生き方のヒントがそこにあるようです。民衆のダイナミックなエネルギーを感じます。これも一等船室と意識的に比較しながら描写していると思います。

しかし、もうひとつ見逃してはならないのは、その船の最深部には、タイタニック号を動かすために、汗にまみれながら、石炭を汲《く》みこんでいる労働者のいることです。この作品にはワンシーンですが、二人が船中を歩き回る場面が出てきます。低賃金の中での労働でしょう、その社会の不合理さが、怒りとなって表現されているように私には見えました。

白いキャンパスと絵の具があればそれでいい。
やりたいことがはっきり見えると人は強いね。

＊生活を語り、仲間がつながる映画「スタンド・バイ・ミー」

「十二歳の時にもった友だち以上の人にわたしはそれ以降出会うことはない。」

後に有名な小説家になった主人公が、ある日、十二歳の時の親友の死を伝える新聞記事を見つけます。これを契機に忘れていた過去の思い出を小説に書こうとします。

時は、暑い夏の日。卒業後の夏休みに、こんな話が飛び込んできます。

「行方不明の少年が、実は、線路沿いに死体となって、誰にも気づかれずに放置されている。」

そういう、情報をつかんだ四人の少年グループが、第一発見者としてヒーローになるべく、冒険の旅に出ます。

森で彼らは一泊するのですが、その際、リーダー格の少年が、主人公に自分の悩みを打ち明けます。辺りは、動物の鳴き声、大きな月の照らす光と、消えかかろうとしている焚き火の光が照らす中、

リーダー格の子は、

「盗んだ、ミルク代、返したのに信じてもらえない、町中、俺たち家族を白い目で見る、どこか誰も知らない町へでも行きたい。」

そういう悩みを泣きながら語ります。

主人公の小説家は、彼を必死に慰めます。

逆に主人公も、

「死んだ優秀な兄と比べられて、自分は父親から愛されていない。」

と告白します。

泣き出す彼に、

「お前の書く小説はすごい。お父さんはお前の才能をまだわかってないんだ。将来書くことに困ったら、俺たちのことを書けばいい。」

と勇気づけます。

卒業前の小学六年生、クラスみんなで、鑑賞したらいいだろうなあと思います。

たった一人でいいのです。

自分の生活を語れる友人を持ちたいですね。

それを親友と呼ぶのです。

*

「上を向いて歩こう」

歌も人生の応援歌です。
私は歌が大好きです。
特に青春時代の歌を聞くと、今でも胸があたたかくなってきます。
「上を向いて歩こう」
これは坂本九さんが歌って世界中に大ヒットした曲です。
私が小さかった頃、流行った歌です。
坂本九さんと言えば、
NHKが放送した人形劇「新八犬伝」でのナレーターが絶品でした。
中学生の時、この番組をたのしみに、部活から帰っていたものです。
その語りは、まるで寅さんの口上の様、
わくわくしながら九ちゃんの語りに聞き惚れていました。
つい昨日のように思い出されます。

飛行機事故で亡くなった時は、ショックでした。
「まさか、九ちゃんが」とみんな悲しみました。
今、生きていたら真っ先に被災地にかけつけて、
「上を向いて歩こう」を歌ってくれているはずです。
「上を向いて歩こう／涙がこぼれないように」
何度も
何度も
泣いていいのだけれど
上を向いて歩きましょう。
前を向いて歩きましょう。
上には、空があり
光があり
太陽があるから。
あっ　そして星もあるから。
「見上げてごらん夜の星を」も九ちゃんの歌だった。
悲しいときは上を向いて、歌いましょう。

＊「戦争を知らない子供たち」という歌を知らない子どもたち

かつて「戦争を知らない子供たち」という歌が流行りました。

団塊の世代を中心に流行りました。

「僕等の名前を覚えてほしい　／戦争を知らない子供たちさ。」

そして、時は流れ、
今では、

「戦争を知らない子供たち」

という歌を知らない子どもたちの世代です。

ずっと平和が続いている証ですかね。

第二次世界大戦の反省から、二度と過ちを繰り返さないと世界人権宣言が高らかにうたわれました。

しかし、その後、たくさんの国が戦争に手を染めました。

おそらく戦争と全く無縁だと言える国は、ひとけたくらいなのかもしれません。

戦争は最大の人権侵害と言われます。

この地球からいっさいなくなるのはいつの事か。

「はえをのみこんだおばあさん」

という「たかはしべん」さんという歌手の歌があります。

飲んじゃったはえをとろうとおばあちゃんがいろいろなものを食べます。

クモから飲み始めてクジラまで。

最後はなんだと思います。

この地球の上の全ての人殺しの道具を飲んでしまって地球を平和にしていくお話です。

みんなで力を合わせてこのスーパーおばあちゃんになりたいものです。

私もこの歌、たまに歌わせてもらうのですが、最後のオチは、子どもたちはとっても大好きです。

ずっとずっと「戦争を知らない子どもたち」でいてほしい。


「戦争を知らない子どもたち」を世界中に増やしていきたいものです。

＊スポーツ、特に野球は人生の応援歌だねえ

石川啄木の短歌、

「ふるさとの訛りなつかし停車場の人ごみの中にそを聴きにゆく」

ではありませんが、遠方の講演が何日か続き、私の住む博多駅におりたつと、わずかな時間、離れていたにもかかわらず、見慣れた景色や聞き慣れた方言が無性にあたたかく感じることがあります。

そしてタクシーに乗ると、開口一番運転手さんとのおきまりの会話が始まります。

「今日、ホークスどうでしたか。」

これをきっかけに、どの運転手さんとも、話がはずんでいきます。野球に興味のない運転手さんとも、ここから話題が転じていき、自宅に着くまで、会話が盛り上がることがあります。

野球の話題というのは、その地域に住む人たちをまとめあげる大きな力がありますね。

かつて、西鉄ライオンズで盛り上がっていた博多から、ライオンズが所沢へ行ってしまいました。

それからもこの地の人々は、遠い恋人を応援していました。西武ライオンズのファンが圧倒的に多かったのです。

しかし、遠距離恋愛でした。地元ではなかったのです。

そんな時、大阪の地から、ホークスが舞い降りてきました。

それこそチャーター機で、監督をはじめ選手一同が、福岡に舞い降りてきたときは、どれだけうれしかったことか。

当時は、西武ライオンズをあきらめきれない人とすぐにホークスに心変わりした人と分かれましてね。両チームの試合は平和台球場を真っ二つに分けました。

私もライオンズの大ファンでした。当時黄金時代でしたから。

でもすぐの心変り派でした。

「ホークスってどんな選手いるの。」

というくらいでしたから、いずれホークスファンになっていくのだろうけど、時間かかるだろうなあと思っていたのです。

ところがあっという間の変身です。

だってキャンプは近くである、地元のテレビや新聞の報道はある、不思議なくらいあっという間の心変わりです。

教室でも、子どもたちのかぶる帽子が、当初は、ライオンズが多かったのが、年を追うごとに、ホークスに変っていきました。

地元のプロ野球チームが生まれたことで、少年野球の子どもたちも活気づきました。

そして日本初の開閉式の屋根を持つドーム球場の登場、強くないのに、しかもパリーグの球団なのに、球場の入りは見事でした。

地元を大切にする球団作りだったからです。

その波は、福岡から九州へと広がっていきました。

「世界の王」のもと、日本一になったとき、どれだけ博多をはじめとする地域が一体になったことでしょうか。

あちこちで、見知らぬ同士が肩をたたき合ったり、抱き合ったり、握手をしたことでしょうか。そして昨年はぶっちぎりのリーグ優勝そして日本一でした。感謝です。

西鉄ライオンズの時もそうだったのでしょうし、他地域の球団の優勝時も地元では、歓喜の渦だったでしょうし、地域が一つになったことでしょう。

今日も、飲み屋で、会社で、学校で、勝った、負けたと、

「俺が監督だったら。」

「あの采配がねえ。」

なんてやっていることでしょう。

誰もが監督、誰もが評論家だからおもしろいのです。

いわゆる参加型だから、たのしいのでしょうね。

興味のない人も、優勝バーゲンだけは参加しますから、これまたおもしろい。

映画も、歌も、野球の話も、知っている人が多いので、大いに盛り上がりますね。

被災地東北には、楽天イーグルスがあります。

いつの日か、みんなが肩たたき合い、優勝に涙する日がくることでしょう。

いや、今、この瞬間も、
復興のシンボルとして、被災地を勇気づけていることでしょう。

「今日は、イーグルスどうだった。」

タクシーでの会話が聞こえてきそう。


スポーツの話題も人を元気づけます。

＊和のチーム力

この国のスポーツは、団体戦が強いですね。

長打がなくても、こつこつとつないで、攻撃し、しっかり守る全員野球で、二連覇した、
ＷＢＣでの野球チームの活躍には感動しました。

サッカーもそうでした。

男子のワールドカップ南アフリカ大会も記憶に新しいですね。

帰国後の会見、
本当に仲の良い、
明るいムードに満ちあふれていました。

「もう少し、この仲間とサッカーがしたかった。」

と、決勝リーグ初戦で敗れたものの、すばらしい感動を与えてくれました。

ＰＫをはずした駒野選手をみんなで支えていたのが印象的でした。

なでしこジャパンも、速いパスワークでつないでつないで、優勝です。
世界をあっとおどろかせました、
被災地の人たちに勇気をと、
本当に人は、誰かの幸せのためなら、
すごい力を発揮できるのですね。
水泳も
陸上も
個人で勝てなくても
メドレーやリレーになると
俄然力を発揮します。
バトンをつなぐことがうまい。
個を捨てチームのために
仲間のために
自分はどう動けばいいのかを真剣に考える
そういう伝統・文化が充ち満ちている風土なのかなあ。

和の力で
団体戦で
復興していきましょう。

第五章　演目からのエール

この章では、私が演じている演目からエールを送ります。

＊

『学校』

私が初めて一人芝居に挑戦した作品です。

大好きな山田洋次監督作品。

私は、一九九〇年代、人権啓発として、子どもたちと年に一回「人権の集い」で演劇をやっていました。

演劇の力はすごい。

その集いは満員になりました。

子どもたちとは年に一回しかできないけど、一人だったら、いろいろな所で差別をたたき壊せる演劇ができる、いつの日か一人芝居をと思いました。

渥美清さんが亡くなった数日後、山田洋次監督の講演を聴く機会がありました。

夜間中学を舞台にした映画「学校」についての思いが語られました。

参加者は教師ばかりでしたから、主人公、黒井先生や夜間中学の生徒の姿から、大事な忘れかけているものを思い起こされた講演でした。

「この作品を一人芝居でやろう。」

監督にお手紙を書いて、許しをもらい、
一九九七年初演を。
さまざまな事情で、
義務教育を受けられなかった人たちの、
学びの風景。
田中邦衛さん演じる猪《いの》さんの人生が幸せだったかどうか、
仲間達が汗をかいてしっかり議論していく。ラストは、つっぱりのみどりが、
「幸せはなんだかよくわからないが、私は、黒井先生と出会えて、こんな私でも幸せになれるかもしれないって思った。」
と号泣しながら語ってくれるシーンがあります。

「そうだよねえ。」私も何度も泣きながらこのシーンを演じています。

さんざんな人生でも　たった一人でもいい
素敵な人に出会えたら　人生は変わります　そういう出会いを祈っています。

＊自分を誇れる子どもにしよう。『十五才学校Ⅳ』

「自尊感情」「自己肯定感」、教育現場では、よく耳にする言葉です。自分が大好きだ、なかなか言える子は少ないですね。いろいろあるけど、やっぱり自分が好き、子どもたちには、自分のいい所、すらすらと言える子どもにしたいですね。

私の一人芝居の演目の中に、山田洋次監督の「十五才学校Ⅳ」があります。不登校の少年が家出をし、旅先でさまざまな人と出会います。

「十五歳いいねえ。」「おばちゃんあんたに出会ってよかった。」「わたしあなたのにきび顔とってもかわいいと思うよ。」「少年、お前のご両親に伝えてくれ、見事な子育てができていらっしゃる、とな。」

トラックの運転手、登山家のお姉さん、一人暮らしの老人、その人たちが、こんな言葉で、少年を生き返らせてくれます。

おそらく、少年は、親や教師からは、こんな言葉を久しく浴びせられたことがなかったのかもしれません。親と教師は、子どもの教育に責任があるという共通点があります。したがってありのままの姿に満足せず、「よくやった、次はな。」と次を要求します。叱咤激励をします。

だから、子どもは「いったいどこまでがんばれば、認めてくれるんだ。」そう不安がっているのかもしれません。

ましてや、この言葉に怒りが入り、「なんだ、この成績は。」「お母さんはこんな成績とったことないよ。」とうそ（?）まで入ってこられたら、反抗もしたくなるでしょう。これじゃあ自分を誇れるわけはありません。

親として言わないといけない言葉があります。

「あなたを産んで誇りに思うわ。」

「お前を息子に持っておれは幸せだ。」

自分の命の分身に、もっとかけたい言葉をさがしましょう。あなたの命の分身が自分自身を誇りに思ってくれたら、どんなに幸せなことでしょう。

自尊感情の豊かな子は他の人の心の痛みがわかります。
「自分に誇りを持っている子」に育てましょう。

＊一人芝居『もも子』。冗談でも「死ね」って言えなくなる

『もも子』は特別支援学校の先生が原作『もも子、ぼくの妹』（星あかり）を書かれて、アニメ「もも子、かえるの歌がきこえるよ。」（ゴーゴービジュアル企画）にもなっている実話をもとにした作品です。

私は、それを一人芝居で演じています。

初演は、あの佐世保市で起きた、同級生を殺害した事件の日で、時間帯も同じくらいだったのでよく覚えています。

芝居が終わって校長室に帰ると、

「先生、今、佐世保で大変なこと起きているみたい。」

という会話を昨日のことのように覚えています。

ショックでした。だからこの作品は今でも「命」について考えながら演じています。

筋肉が固まるという病気のもも子。

双子の兄、力《りき》の学校に行きたいということで、

始まった交流授業。
そこでの仲間との生活。
けんかも起きるが、最後は入院している「もも子」を元気づけようと、運動会の学級対抗リレーを必死になってがんばる仲間たちに成長していきます。
もも子の両親は、ありのままのもも子を受け入れます。
私たち親のありかたを示唆してくれるすばらしい親です。
共生
命
家族愛
仲間
そういうメッセージがちりばめられた珠玉の名作です。
私は会場いっぱい動きながら演じています。なにせドッジボールからリレーまで「はあはあ」言って演じています。（いつまで演じられるかなあ）
小学生が号泣する作品です。
人は出会いがあれば必ず別れがある。
だからその時間を悔いのないように大切にしたい。

＊『君をいじめから守る』

私が住んでいる福岡県でもいじめによって子どもが亡くなるということがありました。

全国でも話題になった事件もありました。

私は、その当時は、一人芝居の道を、教職から離れ歩んでいました。

「元教師の一人芝居、この問題は避けて通れない。」

と、オリジナルでこの『君をいじめから守る』を作りました。

いろいろな書籍を読みました。

実際に起きたいじめ、
生徒会が中心になって撲滅した実践、
いろいろと学びました。

この物語は、前半は、いじめをとめようとした健という男の子が逆にすさまじいいじめにあうという展開、必死に止めようと親友良ががんばるがいじめはエスカレートしていく。

そこに聴講生で中学生と共に学ぶ、六十歳過ぎの眼光鋭い宗像さんというおじさんが、彼は元刑事なのだが、いじめから助け出してくれる。

実はこの宗像さん、自身の子をいじめで亡くしている悲しい過去がある。

後半は生徒会が立ち上がって校内を改革していくという展開です。

この芝居を見た中学生にぜひいじめを叩き壊してほしく作った作品で、いじめ撲滅のヒントをそこここにちりばめています。

この作品は西日本を中心に各地で上演していますが、様々なエピソードがあります。

ある中学校では、いじめられている子が勇気を出して、いじめている子に話しかける。

「今日の話は俺そっくり、いい加減やめてくれ。」その言葉にいじめている子が「俺も今日、あの一人芝居見ながらずっとお前のこと考えていた。ごめん、俺たち今日からやめる。」という教師立ち会いのもと話し合いが持たれたのです。上演した夜に先生から連絡をもらいました。

また、上演後、帰りぎわにあいさつにくるのが、けっこうやんちゃな子たちなのです。

「今日はいろいろ考えました。」と。

この作品が一人でも多くの子を救えるならばと、気合いを入れて演じています。


いじめはする側もされる側もだれもしあわせになりません。

想像力を働かせて友だちの心の痛みのわかる人になろう。

＊

『ヤンママ子育て騒動記』

この作品を書いたきっかけは、ある日の国会中継を見ているときでした。

野党の議員が質問で格差社会是正の意見を述べていました。

シングルマザーの子どもの進学率の低さを資料として訴えていました。

「父親が養育費を支払っていないケースで経済的に厳しい母親の子は、大学に行きたくてもいけないのか、差別の悪循環だ、奨学金の充実を考えるべきだ。」

こういう内容でした。

格差社会は、シングルマザーの肩の上にどんとのしかかってきています。

そこで、シングルマザーの応援歌として劇を作りました。

あらすじは、こうです。

「延長保育を利用してパチンコにはまるシングルマザー和子。彼女自身がまだ大人になりきれず、自分の遊びで夢中。年長の一人息子一樹はいつもお迎えは一番最後。ごめん残業が、がいつものいいわけ。周りのお母さん達からは、本当はパチンコよと陰口が聞こえる。そういうだめママ和子、ひょんなことから青年カメラマン孝史と知り合うことに。彼は、独身で子どももいないのだか、子育て・教育の知識は豊富。

なぜかというとアジアの子どもたちの表情を撮りながら、子どもたちのおかれている状況、教育の大切さを訴えようとする写真家だったからだ。

いつしか、孝史のアドバイスのおかげで、和子の子育てがぐんぐん充実したものになる。「親が変われば子は変わる、一樹もりっぱな男の子へと成長していくドラマです。実は、和子は親から虐待を受けて育ってきていた。したがって子どもができたらあんな親だけにはなるまいと心に決めていたのに、息子一樹に同じことをしている。差別の悪循環、負の連鎖である。それを孝史からアドバイスを受けて一樹の人生も変わり始める。まさに教育の力は差別の悪循環を断ち切ることが出来る。

劇の終わりに私は必ずコメントします。

「どこかにこの和子さんはいます。その和子さんを救った孝史さんになってくれませんか。本当の意味で力のあるＰＴＡとはこういう和子さんを支えてくれるＰＴＡです。」そうお願いしています。

あなたも誰かの支えになりましょう。

＊『最期の晩餐』

この作品は、ＮＨＫのドキュメンタリーを見ていたのがきっかけです。

見たといっても、最後のシーンだけなのですが、老人の方たちが、共同生活をしている
そういうシーン。

その中のお一人、おばあちゃんが末期のがんになられる。しかし「病院で最期をむかえるより、みんなのもとで最期をむかえたい。」こう願われる。

周りも快く承知します。

この後、おばあちゃんは、みんなの中で一日一日を大切に過ごされます。

「今日は、ビールが飲みたい。ああおいしい。」

そして次の日、息をひきとられる。あの言葉が最期の言葉でした。

いい話だなあ。

と思ってみていたら、脚本がぱぁっと浮かんできました。

題名は、最期の晩餐。こういうあらすじです。

「とある市が、市の事業としてアパートを買い取り、元気なのですが、一人暮らしで何かと将来不安な方のために、共同生活ができる施設を建設。その名はたまり荘。そこでは市の職員がお世話をします。その担当になるのが二十歳の若者宮本元気。

彼は、両親の顔も知らない施設育ちの若者でした。たまり荘に集まってきた老人たちとのあたたかい交流が始まります。家族を知らない元気にとって、たまり荘の人たちそのものが家族となっていきます。特に孫のようにかわいがってくれる良江さんにはよくしてもらいます。そんな彼女が末期癌に。……」

福祉に携わる人に、介護をしている家族に向けて、エールをおくる作品です。

これから、少数の若者世代が、団塊の世代をはじめ、大人数の老人を支えていく時代となります。

私は年の離れた末っ子で、両親が病気がちになってから共に暮らし最期をみとりました。父が先に亡くなり、母は、介護が必要となり、施設のお世話にもなりました。その関係で、いろいろな病院、福祉関係の施設をいろいろと見てきました。

預ける側は「自分の親と思って、かかわってください。」そう願いますね。

主人公宮本元気にその願いを託しました。

福祉の仕事は「志」が必要ですね。

＊

『十六才寛大を忘れない』

二〇一一年二月九日私の住んでいる福岡県で、飲酒運転による事故で、高校生二人が亡くなりました。山本寛大《かんた》くん、皆越隼人くんの二人の高校生です。

福岡県は海の中道という所で、三人の幼児が、飲酒運転事故で、橋から車ごと転落して亡くなった悲惨な事故を二〇〇六年に経験している県なのに、またなのです。

私は、飲酒運転撲滅の一人芝居をつくろうと思いました。

二度と、大人のわがままで若い命が亡くならないように、大人の良心に訴えようと思いました。

山本寛大くんのお母さんと連絡がとれました。

お母さんは、今、飲酒運転撲滅の取り組みを精力的になされています。

本来なら悲しみにくれている日々で当たり前なのに。

必死に心を奮い立たせて、飲酒運転事故の悲惨さを訴えています。寛大くんが生きてきた十六年間を語られています。

人は二度生きると言います。

一度は生きている時、二度目は、亡くなっても残された人の心に生き続けることです。

「寛大くんの人生を演じることで、人々の心の中に寛大くんを生き続けさせ、そしてそれが飲酒運転撲滅とつなげられる。」

そう思い、彼の人生を生まれたときから事故、そして残された人たちの取り組みを演じています。

その取り組みのひとつとして中学生の同級生たちが大人にあてたメールがあります。私が見たメールでは、

みなさんこんにちは。
私たちは多々良中央中学校の第三十五期生です。
わたしたちは大事な友達を大人のわがままで亡くしました。
ほんとに悔しいです。
悲しいです。
寛大の命を返せ
って言ってやりたいです。

でも今寛大の願いは私たちが元気に笑っていられることだと思います。
今日はお葬式でした。
地元が一緒だった全員が参加し、涙し、悔やみ……
そんなお葬式でした。
できることならもう一度寛大に会いたい
そんな願いです。
電話してもメールしても寛大からの返事はありません。
寛大は私たちの笑顔を見ることが何よりの支えになると思います
今私たちができることは
寛大のために飲酒運転撲滅を呼びかける事
それくらいです。
これで寛大の力になれるのかは分からないけどこのメールをできるだけたくさんの人に回していただけたら光栄です。
私たちの大好きな寛大の死を決して無駄にはさせません。
呼び掛けよろしくお願いします m(＿)m

多々良中央中学校の第三十五期生　高校一年生。一同。

子どもたちが立ち上がり、お母さんはステッカー運動をはじめ、お父さんは車いすマラソンで寛大くんの思いと共に走っています。

二〇一二年東京マラソンでは優勝です。

経済界は飲酒運転の啓発コマーシャル・モニュメントを作ってくれました。

寛大くんのいた高校の生徒も啓発活動を続けています。

芝居のラストはお借りした寛大くんの赤ちゃんからの写真を投影します。私はその写真を見ると涙をこらえることができません。子を持つ親なら、だれしもがそうなのではないでしょうか。

そして一秒でもはやく「むかし飲酒運転という言葉があったのよ。」と子どもたちに伝えられるような社会にしたいものです。

大人の良心が訴えられています。

アルコール依存症の人、再犯の人を出さない社会の支援も必要です。

「むかし飲酒運転という言葉があった。」一秒でもはやくそう言える時代にしよう。

第六章　子どもたちへエール

最後の章は、未来への宝物、子どもたちにエールを送ります。

この本のまとめとして、先の章で送ったエールと重複することもありますが、中・高校生にお手紙を書くつもりで綴ります。

＊自尊感情を育ててください

自分を誇りに思う感情です。ありのままの自分を受け入れて、好きになるということです。

自尊感情が高い人は、相手の心の痛みがわかります。

決して、差別やいじめに、手を染めようとはしません。

自分が大切にできているからね。仲間も大切にしようとするのです。

泣いている人がいたら、

「どうしたの、わたしでよかったら、話しをしてみてよ。」

人が幸せでないことを無視できないのです。

「どうせ、私なんか、この世にいなくても、かまわない。」

とリストカットしている子、自暴自棄になっている子にこそ、自分に誇りを持ってもらいたいのです。

でも、自分に誇りを持つことは、そう簡単にはできないよね。

演目『十五才学校Ⅳ』を演じた後の感想を見ると、自分のこと好きな子、ありのままの自分を受け入れている子は、少ないですね。

この国の子どもたちは、自分を好きな子ってどのくらいの割合なのでしょう。

自分を好きになるためには、周りの大人、仲間の声かけってとても大切なんです。

みなさんは、日常、どんな大人の人と出会っていますか。

実は、中三を例にとれば、月から金まで親、先生、塾の先生の往復をしている人けっこう多いんじゃないかな。

この三者ともみんなにとっては責任のある人たちですよね。だから、ほめ言葉よりも叱咤激励の方が多くなりがちかも知れません。

「はやくしなさい。何、この成績、お母さん中学の時、とったことないよ。」

「なにやっているんだ、おまえたち。隣のクラスを見習え。」

「このままじゃあ、だめだぞ志望校受からないぞ。」

朝から、晩まで、「このままじゃあだめだぞ。」だったら、

「ええい、くそ。」

と自分の体をきずつけたくなるかもしれないね。

でも、親、学校の先生、塾の先生たちが悪いんじゃないよ。君たちに対して責任があるからねえ。責任のある方たちは、むかしも今も変わらないよ。叱咤激励が多いんだ。

しかし、僕らが小さい頃は、もう一種類のいい意味の無責任な大人と日常出会っていた。

小学生の頃、家に帰れば真っ先に駄菓子屋に走っていく。そこのおばちゃんが子どもをほめ上手。

「福永くん、あんたようしゃべるね。でも、あんたの話はおもしろすぎ。あんた将来、漫才師になれるかもしれん。おばちゃんたのしみ。」

親戚が集まれば、

「宅司くん、あんたしばらく見ない内に、身長伸びてりっぱになったね。」

こんな言葉が、地域にあふれていたように思うよ。

そう言われる瞬間幸せだったねえ。

他人の子を自分の子のようにしかってくれるかみなり親父。

だれも結婚するなんて言ってないのにお見合い写真をもってくるおばちゃん。

まるで映画「オールウェイズ・三丁目の夕日」

のような時代。

つまり、
親、教師、塾の先生のような責任のある人たちだけでなく、日常の生活でいい意味の「無責任」なおじちゃん、おばちゃんに囲まれて、無責任だからこそ、いいほめ言葉がさらりと口から出て、それをシャワーのように浴びていた僕たちは、幸せだったのかも知れない。

厳しい責任のある人たちと、いい意味の無責任な大人達に囲まれて、バランスよい人間関係が保たれていたのかも知れません。

今は、他人の子を叱ったら、その叱った人が親からクレームされる世の中になっちゃった。みんなで窮屈な時代を作ったのかも知れないね。

さて、「むかしはよかった」なんて言っていても始まらないので、君たちには、駄菓子屋のおばちゃんの役を引き受けてほしいのです。

君たち仲間同士で、「お前はよくしゃべるが、おもしろすぎ。」「お前は暗いのじゃなくてしっとりしている、物静か。」「あなた落ち着きがないことない、バイタリティーがあるのよ。」「ぐずって親から言われたの、違う、ていねいよ、ていねいだから時間かかるのよね、私はそう思うよ。」

と、仲間を勇気づけてほしいのです。中学・高校生の時代は、親よりも先生よりも仲間が一番のときです。その仲間からプラスの言葉で勇気づけられたらどんなにうれしいことか。実は、自分を好きになる大きな力は、この仲間の声かけなのです。

何人もの中学生が、仲間のあたたかい言葉が一番だと言っています。

言葉は言霊《ことだま》、魂があるからね。人の陰口で盛り上がる時間があるなら、ぜひ、こういう言葉で仲間をすくってほしいのです。そして、「けっこう今の俺、気に入っている。」と言える仲間を一人でも多く増やし、自尊感情を高めてほしいものです。

クラスに一歩足を踏み入れたら包み込まれる感覚になれるようにお願いします。

＊「一人も見捨てないクラス」に

自尊感情を高める要素として「自分はやればできる」という体験が必要です。むずかしい言葉で自己効力感、自己有能感などと言います。

今の時代、学力の二極化が問題だと言われ、できるかできないかで二つに分かれ、真ん中の点数の子が少なく、縦軸を人数、横軸を点数にしたグラフにすると、らくだのこぶみたいな形になっちゃう。

授業中、ちんぷんかんぷんの子たちが、ずっといすに座っている。言葉は悪いが拷問状態になっているかもしれない。

教科書は○○は○○だとしか見えていないなら、はなから土俵にあがっていないんだ。

仲間の支えが必要です。

仲間同士が「一人も見捨てない」を合い言葉に『学び合い』することが大切です。

この本の中でも先生方へ『学び合い』の時間を授業中に設定していただきたくお願いし

ています。

もし、そういう時間が授業中になければ、放課後、休み時間、休日、仲間が集まって「ねえねえ教えて。」「いいよ。」「お前の言葉わかりやすい。」

自分によくわかる説明ができる仲間がいるから、そういう取り組みをしてほしいね。

「みんなで第一志望合格しよう。」「お前のおかげで受かったよ、ありがとう。」「どういたしまして、お前のうれしそうな顔を見て、俺もうれしい。」

こういう「一人も見捨てない」生き方をみんなに学んでほしいんだ。

＊進路について

みんなはどういう夢がありますか。

何になりたいとか、こういう職業につきたいとか、もう具体的な夢はありますか。

この国に住んでいると、何気なく進学して、最初に受けた面接で就職して、一つだけの仕事を体験して、定年を迎えるなんてことがよくあります。

いったいこれが自分に向いていたのか、天職だったのか、なんて思いながら定年をむかえるのです。

しかし、昨今、バブルが崩壊し、終身雇用制が崩壊しました。

最初から定年まで、一つの仕事で終えられるかわからなくなりました。

公務員だってリストラされる時代ですから。

そういう意味ではマイナスに考えれば不安定、プラス思考でいけば、いろいろな仕事についてて天職と出会えるかもしれないということです。

『13歳のハローワーク』(村上龍)という本があります。

図書館に置いてある学校もあることでしょう。中・高生の内から、いろいろと仕事のことを学んでいてほしいね。

一九九〇年代、職場体験授業が急速に広がりました。

しかし、それでも、数は足りない。

そこで提案です。

実は、みんなは色々なところで、仕事を見ています。

ファミレス、コンビニ、デパート、病院、建築現場、道路工事、自分の将来の仕事として意識的に見ていけば、目だけでも職場体験できるんですよ。

「この店、繁盛しているなあ、店員さんの感じがいい。」

なんてことに気づいてくれればしめたものです。

どんな仕事でも繁盛している所には共通点がありますね。

それは仕事に対する「志」があります。

もうかることばかりを考えるというよりは、お客の幸せを考えようとする、お客の笑顔を想像しながら仕事をしている、気がついたら、人気の店になっていた、こういうことです。

常日頃から、「人の幸せ」を考え、行動するといいよ。

きっとあなたに幸せがかえってくるから。

自分がしたいこと、いつも考えていてね、それが学びです。

「でも、そんな力ないし、向いてないかも。」

なんて悩む必要はありませんよ。そういう時は、人に聞くのが一番です。

親に、先生に、仲間に、聞いてみるのです。

けっこう周りがわかるものなんです。

それでも不安なら応募すればいい。

小説家になりたいなら、応募したらいい。受かるかどうかは審査員が決めるから、向いているかどうかかね。

歌手になりたいなら、オーデション受けたり、路上で歌ってお客の反応見たりしたらいい。

僕の住んでいる博多は、「照和」っていう喫茶店から、東京に旅立って成功した大物歌手、たくさんいるんだよ。多くの聴衆を幸せにしてくれました。

僕自身も駄菓子屋のおばちゃんがいてくれた。

「あんた漫才師になれるよ。」

漫才師にはならなかったけど現在一人芝居の旅人、近いところにいるでしょう。

人が向いてるかどうか教えてくれるんです。

何をやっているときが幸せですか。
それが仕事になればいいね。
さあ、そうやって、未来の夢を追いかけてください。
みんなが仕事を通して人を幸せにする番です。

＊

勉強の仕方について

これから受験を目指していくことになります。

大きな節目ですね。今の試験は、暗記重視。むかしから変わりませんね。

学力というのは、もっと大きなものを指すのでしょうが、受験の学力は、ペーパー重視の暗記学力が大部分。

だったら要領よくやると結果がでそうです。

一人黙々と机に座って学ぶこともあるのでしょうが、僕は五感を使って学んだ方がいいと思っています。

黙々と本を読んでいるかと思えば、今度は立ち上がって声を出しながら歩き出す。また、今度は机に座って鉛筆を持って書き写す。今度は録音した自分の声での問題集を聞きながら声に出して答えていく。今度は……とまあ、体全体を使って勉強するのです。

実は、現役の時、僕はこのやりかたではなく、ただ寝ころんで、教科書読みながら、目をつむって暗記をしていく、気がついたらほんとうに目をつむってそのまま眠ってしまうなんて笑い話のような勉強でした。努力とはほど遠い学生でした。

先程の五感を使ってというのは、実は一人芝居に取り組んでわかったものです。

今、僕の頭の中には、十前後の演目が頭の中に収まっています。どれも一時間前後の作品ですから、かなりの量の台詞が頭に入っています。

今からそれを全部演じなさいと言われれば、体力さえあれば、台詞は大丈夫です。

どうしてそれができるのか、説明すると、先に述べた五感を使っての勉強法にぴったりします。

○まず新作ができたら、当然、台詞を暗記します。僕の場合、台詞一つ一つを細かく覚えるというよりは、本の目次、レジュメみたいな、物語のつながり、場面の順番を大まかに覚えることを重視します。

「この場面の次はこの場面だな。」と把握していくと、それぞれの登場人物の細かい台詞はいもづるのように出てくるので不思議です。

なぜか声を出して立ち稽古はしないのです。イメージの世界です。現役の時の僕の勉強法といっしょですね。目をつむってそのまま眠ってしまうこともあり、なかなか進みませんが、これをやっています。これは学生時代のくせですね。元来怠け者だからでしょうね、寝ながらイメージトレーニングです。動きもなぜか頭の中、一人芝居なのでそんなに動きはありませんから、台詞と情景をイメージすることに集中します。

○そしていよいよ本番。お客の前で自然と動きが出てきます。その動きを大切に、作品の上演を重ねながら、動きは固定されていきます。

○ここからが五感を駆使した勉強法につながります。一人芝居を演じるその行為そのものが動きながら声を出すということにつながります。上演するということは、動きながら声を出しているのです。それも一時間三十分がほとんどですから、かなりの量です。演じれば演じるほど頭に定着するのです。

それに、年間一五〇回前後の一人芝居をこなしているので、演目によっては一ヶ月に何度も繰り返し演じています。だから反復しているので、そう簡単には忘れません。これが期間があけば、きっとやり直しになるのでしょうが、幸い都合良くいろいろな演目のオファーがあるので、その都度、復習が出来るのが大きいのです。

オファーが多くない演目でも今までに五回以上演じているものならば、登場人物の名前とレジュメみたいな、目次みたいなものを確認すれば、すらすらと台詞が出るので自分でも驚きです。

どうですか、一人芝居の体験と入試の暗記勉強、ちょっとつながりませんか。

では、もう一度おさらいです。

○勉強部屋かリビングか自分の集中できる場所で、黙々と本を読む、次は立ち歩きながら声を出して本を読む、できれば、だれかに勉強を教えている教師を演じるように、うろうろしながら声を出して読む。（ここらでもう一人芝居ですね。）

また、席にもどって今度は、えんぴつを走らせる。大事なところは赤ペンで書いて、そこをシートをのせて消すと問題集になる。そうやって繰り返し覚えているものを増やしていく。

耳でいろいろな録音したものを聞くのもいいですね。コマーシャルがあれだけ入るなら勉強もね。とにかく毛嫌いするのが耳に入らない原因かもよ。聞き流すだけでも入るから。

さあ、口、耳、目、体、いろいろ使ったら、最後は大切なもの、反復ですよ。

僕は、定期的に劇を再演しているから台詞を忘れないでいられるのです。

みんなも一週間後、一ヶ月後と、もう一度覚えているか繰り返すことがたいせつなんです。これをやらなければ、暗記したものは、もののみごとにさようならです。

もったいないですね。

繰り返しましょう。

「俺は勉強はだめだ。」と決めつけないで、やり方を工夫したらいいんです。

最後に『学び合い』を思い出してください。

あれも座学ではありませんね。仲間と協力して学ぶのですから、体とそして心も使いますからね。

ここでは、僕の一人芝居の勉強法を紹介しましたが、あなたのすぐ近くの仲間もみんなそれぞれ独自の勉強法を持っているのです。

それを交流し、『学び合い』するのもいいですね。

受験生、応援しているよ。

＊いじめを叩き壊して

人を傷つけて人は幸せになりません。

人を幸せにして人は幸せになります。

私は、一人芝居『君をいじめから守る』というオリジナル作品を演じています。

その劇中に、こういう授業風景を入れています。

若い田所先生という熱血教師が社会科の授業を展開していきます。

台詞は簡単にまとめると、

「人間の偏見が行動としてあらわれるのは、段階があるんだ。人間の差別は、始めは陰口から始まるんだ。陰口↓回避↓締め出し↓身体的暴力↓絶滅とどんどん悪い方向へ行く。最後は命まで奪うんだ。だから始めの陰口の段階で叩き壊さないと。

実はこれ、いじめに変えてみたらどうだろうぴったりじゃないか。

最初は陰口。次が無視、しかと、そして『学校に来るな。』と締め出し、トイレに連れて行き殴る蹴る、そして最後は死に追いやるのか。その子が遺書を残していたらどうする。いじめたのはこの子です。こう書かれていたらどうする。そうなればいじめた子も一生背負って生きていくことになるんだ。いじめられた子もいじめた子もずたずたになっていくんだ。」

切々といじめ撲滅の授業をします。

この芝居を全国でやっていますが、もうこの場面では、シーンと会場は息を潜ませています。

この物語は後半、生徒会がいじめ撲滅組織を作り生まれ変わっていきます。

さて、中・高生の皆さん。

僕は、この劇を作るに際し、いろいろな関連の本を読みました。

効果があるのは、生徒会が本気でいじめ撲滅に取り組むことです。

先程の田所先生の授業をもってしても、いじめっ子たちは、その日の放課後にひどいいじめをします。

残念ですが、先生方の熱いメッセージも届かないことがあるのです。

いじめは親や先生にばれないようにします。

だけど同じクラスの仲間は知っています。でも一人で立ち上がれば自分が次の標的になるかもしれません。

数は大きな力です。クラスに利害関係無しの「いじめ撲滅委員会」なるものが、しかもクラスに十名前後もいたらどうでしょう。

「ちょっとやめようか。あんまりよ。」十名の子が立ち上がれば、そう簡単に、親分や女王様を暴走させなくてすみます。

いじめる側も生んではいけないのです。

みんなそれぞれ何かにもやもやしている年頃ですから。

今日もあの子からいじめられると、お腹をおさえてゆっくりゆっくり登校するのか、それともディズニーランドに行くかのように足が早足になるような学校にするのか、後者のようなワクワクする学校であったらなあと思います。

「一人も見捨てない学校」

そのためにはいじめは一秒でも早く叩き壊しましょう。

「みんな」の力が必要です。

＊

平和

僕は半世紀生きてきました。

戦争は経験せずに生きてこられました。

あの第二次世界大戦が終わって、十四年後に生を受けました。

小さい頃は、ずいぶんむかしに戦争があったんだなあと思って育ちました。

でもこの歳になるにつれて、長く生きるにつれて、自分が生まれる少し前に戦争があったんだなあと感じるようになりました。

歴史を学ぶのはなぜですか。

その理由の一つとして過去の過ちを教訓にして、二度と繰り返さないために学ぶのだと私は思います。

若者が銃を手にして、話したこともない人を、自分と同じように家族や夢が未来がある
その人を、なんの憎しみのないその人を、撃たなければならない状況を、必死でつくらな

いようにしなければなりません。

今度はあなたたちの番です。これをリレーのように続けていってください。

この国だけではなく、他の国の紛争も、なくなる努力をしていきましょう。

学んでください。

命がけで生んだ我が子を戦争で奪われた母親の悲しみを。

学んでください。

世界中の人が笑顔になれるために何をしなければならないか。

学んでください。

差別は人を決して幸せにしないことを。

二十世紀は戦争の世紀と言われることがあります、二度の大きな世界大戦があったからね。

二十一世紀は希望をこめて「人権の世紀」にしようと言われています。

二十一世紀はあなたたちが主役です。

「人権の世紀」に。

どうかよろしくお願いします。

＊感謝

最後にみんなにメッセージです。

感謝することって大切ですよ。

この世に生まれてきて、ここまで大きくなりました。

親に感謝ですね。

「いや、俺は親に虐待を受けてきた、憎いだけ。」

そういう子もいるよね。

「でも憎んでいるけど、感謝はしている？」

と聞くと、

「そりゃあね。」

と答える子はいるそうです。

今まで育ててくれたことには感謝ですね。

あなたたちが生まれた時、

「ああ、生まれてきてくれてありがとう。」

ほとんどの親はこう思ったことでしょう。

命をけずってあなたたちを生んでくれたんだから、あなたたちはお母さんの命の分身です。

どうか自分を大切にしてください。

仲間と共にすばらしい人生を歩んでください。

人の幸せが自分の幸せ、そういう生き方ができたらいいねえ。

「一人も見捨てない」生き方ができたらいいねえ。

自尊感情を育てたいねえ。

ねえ、教室を見回してごらん。

教室、黒板、テレビ、机、椅子、花瓶、どこかのだれかが汗を流してつくったんだよ。

お客さんのことを思いながらね。

たくさんの汗と苦労に包まれてみんなは生きているんだ。

感謝だねえ。

人間は人の間と書くからねえ。

その間で生きていくんだ。

親、近所の大人たち、先生、仲間、いろいろな人の間で生きていくんだ。

僕たちは、一人で生まれてきて一人でこの世を去るんだよ。考えたらさみしいね。

だから、せめて生きているこの間は、多くの人に包まれて生きていきたい、そして人との間がぬくもりあるものなら幸せだよね。

人の間を大事にしていこう。

みんなの輝ける未来にエールを送ります。

おわりに

いかがでしたか。
少しは元気になってくれた方が一人でもおられたら幸せです。
小学校の教師を離れて、八年が過ぎました。
八年間の講演を思い起こしながら、書き綴ってみました。
この国は、奇跡の高度経済成長を成し遂げました。
ひたすら突っ走って、頂上まである意味では登りつめたのかもしれません。
今は、その登り坂をゆっくり下っているときなのかもしれません。
ゆっくり下れば、見えなかったものも見えてくるのかもしれません。
アメリカでは格差社会に対して民衆がデモを行っています。
日本はどうなるのでしょう。

ゆっくり下れば見えてくるもの、それは、「一人も見捨てない、弱者を排除しない。」そういう成熟した社会をつくることの大切さが見えてくるのではないのでしょうか。

東日本の震災から復興するには何年かかるのでしょうか。

今からが多くの悲しみから学んだことを生かしていく時代となりますね。

物質の豊かさから心の豊かさへと成熟していく時代に向かうのでしょう。

あなたがこの本を手にする時、震災から何年たっていることでしょう。

誇りある復興を目指して、それぞれができることをやっていきましょう。

私はこれからも一人芝居の旅を続けていきます。

いつか、お会いしたいものですね。

私のライブをみてください。

ようしゃべりますから。

それでは、どこかで、お会いする日までごきげんよう。


最後に、この本書の制作に協力していただいた石風社のスタッフの方々と、いろいろなアドバイスをしてくれたり、はげましてくれた家族に感謝します、ありがとうございました。

前著、『子育てに夢とロマンを』は、娘の誕生日に出版しました。

この本は、息子の誕生日に出版します。
お父さんからの誕生プレゼントです。

二〇一二年四月二十一日

福永宅司（ふくなが たくじ）

1959年生まれ。

2004年に、22年間勤めた小学校教諭から独立。子どもたちの学びや憩いの場として「子どもの学び館」を設立し、子育て応援団として活動している。在職中は、福岡市同和教育研究会・研究部長を歴任するなど、一貫して学力保障と人権教育にこだわり、数々の創造的な実践を展開してきた。

現在は、教育講演や人権啓発活動の一人芝居を展開。「笑って泣いて感動した」と口コミで話題となり、「教育をテーマにした語り部」として、年間150回前後の講演を全国で行っている。

元大学講師、著書に『子育てに夢とロマンを』（西日本新聞社）がある。

現在、「子どもの学び館」代表取締役、『学び合い』教室主宰、教育・子育て・人権問題の講演家、一人芝居演者。福岡市在住。

「子どもの学び館」　電話・ファクス　092-202-1655
http://members.jcom.home.ne.jp/fukunaga-family/

一人芝居先生からのエール
人生応援歌

二〇一二年四月二十一日初版第一刷印刷
二〇一二年六月一日初版第一刷発行

著　者　福　永　宅　司
発行者　福　元　満　治
発行所　石　風　社
福岡市中央区渡辺通二―三―二四
電話〇九二（七一四）四八三八
ファクス〇九二（七二五）三四四〇
印　刷　正光印刷株式会社
製　本　篠原製本株式会社